사랑의 조건을 묻다

사랑의 조건을 묻다

어 느 게 이 의 세 상 과 나 를 향 한 기 록

터울 글, 사진

숨쉬는
책공장

석이에게

이 책은 제가 한국게이인권운동단체 '친구사이'의 소식지팀에 있으면서, '사람 사이의 터울'이라는 제목으로 2014년 한 해 동안 연재한 칼럼과 기타 소식지에 썼던 기사들을 엮은 것입니다. 글마다 차이는 있지만, 기본적으로 동성애자의 삶과 게이 커뮤니티의 경험을 다루면서도 동성애자와 이성애자 모두에게 읽힐 수 있도록 고민한 글들입니다. 이 책에 실은 제 경험과 남의 경험을 통해, 동성애자도 사람이고, 그들도 사뭇 다르면서 또 별것 없이 중요한 삶을 살고 있다는 것을 보여 드리고자 했습니다.

책의 구성은 우선 서序와 결結을 제외하고, 크게 연애, 공간, 종교, 한국 사회로 묶어 정리했습니다. '연애'에서는 동성애자로서 겪은 연애와 성경험의 내밀한 이야기를 주로 담았고, '공간'에서는 동성애자들이 많이 모이는 종로와 이태원, 그리고 즉석만남 장소를 통해 생각해 본 동성애자의 어제와 오늘에 대한 이야기를 다뤘습니다. 다음으로 '종교'에서는 동성애자이자 가톨릭교도로서 살아가는 이야기, 또 한때 수도자가 되고 싶은 열망에 사로잡혔을 때의 이야기를 담아 보았고, 마지막으로 '한국 사회'에서는 최근 1~2년 동안 한국 사회에서 제기되었던 퀴어퍼레이드, 동성 결혼, 서울시청 농성 등의 이슈에 대해 간략히 소개하고, 그 의미를 최대한 가볍게 풀어내어 보았습니다.

처음부터 하나의 기획 하에 쓴 글이 아닌지라, 각기 다른 주제와 콘셉트로 쓴 글을 묶는 과정에서 어투를 하나로 정돈하지는 않았습니다. 다만 첫 번째와 세 번째 장인 '연애'와 '종교'는 좀 더 내밀한 이야기를 다루는지라 평어로 통일했고, 두 번째와 네 번째 장인 '공간'과 '한국 사회' 부분은 경어체로 통일했습니다. 동성애와 동성애자의 삶에 대한 관심의 갈래가 제각각인지라, 동성애자의 내면이나 개인적 경험이 궁금하신 분들은 첫 번째와 세 번째 장을, 동성애자의 사회적 입지와 운동의 전망이 궁금하신 분들께서는 두 번째와 네 번째 장을 골라 읽어 주시는 것도 좋겠습니다.

책에 실릴 원고를 다듬고 새로 쓰는 과정에서, 제 성정체성과 관련해 무언가 어마어마한 게 쌓였을 거라 생각했는데, 열어 보니 그렇게까지 대단하지는 않다는 걸 알 때가 많았습니다. 드러나지 않은 것일수록 과장되기 쉽다는 생각도 들었고, 그 과장된 바에 무슨 대단한 잠재력이라도 있는 것처럼 믿는 것 또한 오만이라는 것을 알았습니다. 상처와 경험을 제 위치에 가져다 놓고, 그럼으로써 나를 좀 더 정확히 알고, 그에 건강하게 숨 쉴 수 있는 방도를 만나게 되는, 그 모든 '글쓰기'의 과정에 전 참으로 많은 빚을 졌습니다. 책을 엮으면서, 이성애자든 동성애자든, 인권 운동가든 호모포비아든, 많은 사람들이 어떤 방도로든지 자신을 좀 더 투명하게 알아가는 과정을 함께 겪으며 살 수 있으면 좋겠다는 생각을 해 보았습니다.

사실 이 글이 이렇게 빨리 책으로 엮이게 될 줄은 몰랐습니다. 책으로 엮을 기회를 주신 출판사 숨쉬는책공장의 김경미 님, 강준선 님께 감사드립니다. 또 사진 사용을 허락해 주신 김조광수·김승환 부부, 〈한겨레21〉의 김명진 기자 님, 2015년 퀴어문화축제 공식파티 'PRIVATE BEACH' 디렉터 Jay Lee 님을 비롯하여, 2015년 퀴어문화축제 준비 과정 일지 감수에 도움을 주신 퀴어문화축제 조직위원회의 한채윤 님께 감사드립니다. 더불어 제가 제 성정체성을 깊이 받아들이고 고민을 키우는 데에 도움을 준 '친구사이'와 소식지팀, 소모임 '책읽낭'에게 감사드리며, 여러 방법을 통해 저를 보다 좋은 사람이 되도록 이끌어 준 전 애인들에게 감사드립니다. 또한 아직은 못했지만 언젠가는 커밍아웃할, 언제나 죄송한 제 부모님과 동생에게 감사드리며, 끝으로 1년 반 동안 저와 함께 살아 준 애인에게 감사의 말을 전합니다.

2015. 8. 13. 터울 드림

序

패배하지 않기

커밍아웃

게이들 중엔 누가 봐도 게이인 것이 티 나는 이들도 있고, 이른바 게이스러움을 잘 숨기고 사는 사람들도 있습니다. 그리고 전자의 부류들이 우선은 눈에 띄기에, 받아야 할 격려나 받지 말아야 할 욕지거리도 먼저 먹는 경향이 있지요. 그걸 이용해 그네들은 차라리 어떤 자리에서든 더 자신을 드러내고, 앞장서서 싸우는 경우들도 있습니다.

그러면 비교적 자신을 잘 숨기고 사는 후자의 게이들은, 스스로 남자다워 보이고 싶든지 본래 성품이 그러하든지, 그네들을 낯설어하거나 때로는 적대하기도 합니다. 그네들과 얽혀 자기 섹슈얼리티의 정체가 들킬까 염려되든, 나는 저 정도로 '끼스럽진' 않다는 비교 우위의 느낌을 받든, 일견 남자다워 뵈는 게이들은 자신을 숨기기 쉬운 만큼 게이스러운 동료 게이들에 대한 혐오를 숨기기 또한 쉽습니다. 눈에 딱 띄는 게이들과는 달리 그들이 무슨 처세를 취하건, 겉으로는 당장에 아무 일도 벌어지지 않으니까요.

요 몇 달, 밴드의 일원이 되어 볼 일이 있었습니다. 밴드 하면 열에 일곱은 뭇 여성들을 매혹하기 위한 남성 호르몬의 냄새가 그득한 곡들을 커버하게 되지요. 배에 힘을 꽉꽉 넣어 부르고 때로는 목을 갈기도 하고, 여느 때 해 오던 '일반' 놀이의 범주를 벗어나 어떤 지극한 코스프레를 하는 기분이었

습니다.

적재적소에 어울리는 가면을 번갈아 바꿔 쓸 줄 아는 일은 퍽 즐거운 편입니다. 생각보다 빨리 그런 노래들에 적응해 가는 자신이 신기하고, 숫제 기특하기도 하더군요. 걸칠 수 있는 삶의 풍요가 뭔가 한 가지 는 것 같기도 하고요. 마치 그러지 못하는 이들보다 내가 좀 더 우월한 것 같기도 하더군요. 그러면서 뒤풀이 자리의 여자 문제 상담이나 음담패설이나 야동 이야기에도 적당히 맞장구를 칠 줄 알게 됩니다. 이렇게 시간은 평안히 흘러갑니다. 겉으로는 나와 그들 모두에게, 당장에는 아무 일도 벌어지지 않으니까요.

그러나 사람 사이의 정은 칼과 같아서, 상대가 먼저 성큼 자신을 털어놓을 땐 더 이상 아무 일도 없을 수 없는 상황을 맞게 됩니다. 남의 비밀을 들었으면 나의 비밀도 토해 내는 것이 상도이지요. 그런 교호가 없이는 관계가 더는 진전되지 않는 때가 옵니다. 그럴 땐 내가 즐기고 위장해 온 가면과 실제 나의 모습 사이의 낙차만큼, 입이 쉽게 떨어지지 않게 되지요. 성정체성을 실토하는 순간, 그 이전의 과거에 했던 내 언행이 그에게 어떻게 번역될지는 아무도 모르는 일입니다. 어쩌면 그는 내가 게이여서가 아니라, 아무 일도 없기 위해 내가 벌려 왔던 위장을 거짓이라 받아들여 나를 불신할 수도 있겠지요.

처음 그랬던 것처럼 울고불고하지는 않더라도, 커밍아웃은 그래서 한 켠은 늘 입안이 까끌거리는 일이고 맙니다. 성정체성을 이야기한다는 것은, 성정체성을 받아들여 달란 주문 외에도 그것과 두름으로 엮인 온갖 종류의 과거와 언행을 모두 달리 받아들여 달란 이야기가 되기 때문입니다. 더구나 본인을 잘 숨기고 다닌다고 자부하는 게이들이라면 더더욱 그럴 것입니다. 그러나 대책 없는 순간은 어김없이 찾아오고, 많이 망설였던 시간은 어찌 보면 간단할 수도 있는 결단으로 치닫습니다. 그리고 던지는 마음으로 입을 떼지요. "나 사실 게이야." 순간 나와 그를 둘러싼 공기가 바뀌고, 그제야 비로소 둘 사이에는, '아무 일'이 벌어지게 됩니다.

그때 떠오르는 것이 있습니다. 나를 보이지 않으므로 겉으로 당장에 아무 일이 벌어지지 않는 쾌적한 삶은, 무슨 나의 호환 가능한 자아의 확장이 아니라, 결국은 매 순간 나를 향한 패배의 연속이 아니었나 하는. 아무것도 드러나지 않아 아무것도 일어나지 않은 진공의 상태를 두고, 이 정도면 되었다고 낙담해 온 세월이 아니었나 하는. 그렇게 자신의 일부를 포기해 온 이력이 쌓이고 쌓여, 이젠 뉘에게 들춰 보이려 해도 어디부터 손대야 될지 모르는 까마득한 상태에 이미 와 버린 것은 아닌가 하는. 그러니 스스로 채 정리되지 못한 자신

앞에서, 좀 더 자신을 드러내 보이는 동료 게이들이 그렇게도 남사스럽고 꼴 뵈기가 싫었던 것은 아닌가 하는. 결국 삶 속에서 매번 패배해 왔던 건 저기 벅차게 노는 '년'들이 아니라, 실은 그렇게도 '멀쩡해 보이'고 싶었던 나, 혹은 다른 누군가가 아닐까 하는 것 말입니다.

술을 어지간히 먹고, 휘청거리며 잡아탄 택시 안에서 마지막 남은 정신 줄을 짜내어 커밍아웃한 밴드 멤버에게 문자를 보냅니다. 지키던 도를 앞으로 평생 지키겠다고 약속하노라고. 관계가 어디로 튈지 모르는 상황에서 기댈 것은 그와 내가 이제껏 쌓아 왔던 막연한 시간들뿐이지요. 그리고 그에게서 동일한 내용의 답장이 도착합니다. 여태껏 지켜 오던 도를 평생 지키겠다고 약속하노라는.

나는 비로소 나를 드러내고도 외면받지 않은 것입니다. 스스로 입을 닫았으므로, 아무것도 일어나지 않아도 되고 아무것도 아니어도 되는, 아무 소용없는 적막한 세상으로부터 나는 조금이라도 벗어나게 된 것입니다. 실로 오랜만에, 나는 아무것도 없는 어둠 앞에 패배하지 않아도 되는 순간을 맞습니다. 차창 너머 꼬리를 끄는 황록빛 너머로, 비로소 어둠을 뚫고 무슨 일이 일어나고 있는 것입니다.

연애

삶 속에 섹슈얼리티가 자리 잡기까지

나는 게이, 즉 남성 동성애자다. '동성애자'란 동성에게 끌리는 성적 지향을 자신의 성정체성으로 갖는 이들은 가리킨다. 더불어 한국에서 '동성애'라 함은, 지난날 '동성연애'라 불리던 것처럼 동성 간의 '섹스'뿐만 아니라, 동성끼리의 '연애', 나아가 동성애자로 '사는' 것까지를 포함하는 말이다. 동성애자로 '산다'는 게 무얼까, 나 자신도 그걸 몰라 방황했던 기억이 있고, 또 지금도 대답을 온전히 알지는 못한다. 앞으로 나, 또는 게이 커뮤니티, 나아가서는 우리 사회가 함께 찾아 나가야 할 몫이겠다.

어쨌든 게이로 '살아간다'는 것은, 남성을 좋아한다는 내 섹슈얼리티를 내 인생 안에서 좀 더 깊게, 그리고 긍정적으로 받아들이고 산다는 뜻을 포함한다. 따라서 내 삶을 이야기하기 전에, 부끄럽지만 내 섹슈얼리티, 내 성경험에 대해 이야기할 수밖에 없겠다. 당연한 이야기지만 사람은 모두 각자 성경험의 계보가 다르고, 결국 나 또한 내가 겪은 범주 위에서 무언가를 말할 수밖에 없기 때문이다.

어느 유명한 책의 연대기 흉내를 좀 내 보자면, 나는 열한 살 때 같은 반 남자아이와의 오럴 섹스를 상상했고, 열네 살 때 같은 반 친구와 애무를 나누었고, 열다섯 살 때 처음으로 게이가 나오는 야설을 보았으며, 열일곱 살 때 처음 게이들과 채팅을 했고 그해에 처음 번개로 오럴을 했다. 열여덟 살 때 처음으로 '지금은 아니'라는 식의 과거형 커밍아웃을 급우들에게 했고, 스무 살 때 그렇게 좋아하던 모 선배에게 '지금도 그렇다'는 커밍아웃을 해 봤다. 스물두 살 때 처음으로 애널 섹스를 배웠고, 스물네 살 때 처음 술 번개를 나가 봤고, 스물일곱 살에 처음 '동성애자인권연대' 인권포럼에 나갔고, 그해에 종로엘 처음 발 디뎠으며 또 그해에 첫 연애를 했다. 서른 살에 한국게이인권운동단체 '친구사이'에 처음 나가게 됐고, 퀴어퍼레이드 때 많은 이들과 게이로서 인사를 나누었고, 서른두 살 때 처음으로 애인과 한집에 살게 됐다.

저 시계열에서 무언가 이상한 건, 섹스를 처음 배울 때와 연애를 처음 배울 때의 시차가 무려 10년이 난다는 거다. 요는 그 세월 동안 번듯한 연애 한 번 못해 보고 많은 남자와 자고 치웠다는 말이 된다. 성해방주의자들이 보면 기겁을 할 문장이지만, 어쨌든 돌이켜 보면 그 적잖은 세월 동안 그런저런 섹스를 벌여 오던 자신이 딱히 행복했던 것 같진 않다. 말하자면 그때 나의 섹스는 연애를 너무 하고 싶지만 그럴 수 없는, 연애의 결핍 상태에서 비롯되는 차악책 중 하나였던 셈이다. 그런 상태에서 그렇게 맺는 인간관계가 연애랑 같거나 최소한 비슷하기라도 했을 리는 만무하다.

20대 초반의 내 일기엔 연애가 하고 싶은데 이러저러한 이유 때문에 그것이 불가능하다는 한탄과 욕설로 가득하다. 그때 내 감정의 이유를 여기서 모두 설명할 수는 없지만, 그 시절 내 연애가 불가능했던 가장 큰 이유를 들자면, 나 스스로 내가 게이인 것을 인정할 수가 없었기 때문이다. 자신이 동성에게 끌린다는 것을 처음 알았을 때 그것이 아무렇지 않을 수 있었던 행운아는 아마 몇 없을 것이다.

나 또한 오랜 시간 동안 그것을 받아들일 수 없었고, 그 사실을 떠올릴 때마다 괴로웠고, 사람들 눈이 무서웠고, 앞으로 살아갈 날이 막막했으며, 어떻게든 고쳐 보고 싶다는 무용한 생각에 사로잡혔다. 그러다 보니 동성에 끌리는 내 성욕은 그저 임시적이고 언젠가는 고쳐질 수 있을 것처럼 생각되었고, 이윽고 내 삶에서 점점 주변적인 위치로 전락했다. 마치 룸살롱에 가는 이성애자 남성이 "'아가씨'를 주무르며" 자기 섹슈얼리티를 매번 '홀대'하는 것처럼.

내 성정체성이 인정되지 않으면 연애는 절대로 불가능하다. 이유는 간단하다. 나도 내가 게이인 게 싫고 부끄럽고 참담한데, 거기에 다른 사람까지 끼워 넣어 그들까지 참담한 신세로 만들 수는 없기 때문이다. 그렇게 되면 보통 동성애와 관련된 모든 인맥을 애초에 안 만들거나, 그것을 철저히 자신의 '보통 인맥'과 분리해 관리하게 된다. 그런 이들을 주로 '은둔'이라 부른다. 그리고 그렇게 만난 사람들끼리는 보통 일시적인, 일시적이기에 불꽃 튀는 '위로'만이 가능하게 된다.

그 시절 나는 정말 많은 사람을 만나 그들과 한 번 자고는 두 번 다시 그들을 만나지 않았다. 그들과 '아는 사이'로 지낼 어떤 엄두도 나지 않았기 때문이다. 그리고 그런 방식은 차츰 습관으로 자리 잡게 되었다. 그쯤 되면 거창한 연애를 시작하여 온갖 밀당과 똥줄 타는 연락질 후에 공들여 비로소 얻게 되는 섹스를 굳이 기다릴 필요도 없어지게 된다. 그러니 더더욱 연애와 거리가 멀어질 수밖에 없다.

그렇게 지내는 것에 대해, 나는 몰라도 내 마음은 고통스러웠던 모양이다. 제발 사람을 사람답게 만나 관계하고 싶다는, 늦어도 한참 늦은 생각이 들기 시작하던 때, 그때쯤 되어서야 내 성정체성에 대해 조금 진지하게 생각했던 것 같다. 마침 어떤 수업을 통해 성소수자 인터뷰를 하게 되었고, 나 자신도 인터뷰이로 임하면서, 연애를 않고 섹스만 하고 다니는 이들이 주로 자신의 성정체성을 정체화하지 못한 채라는 것을 처음 알게 되었다. 또 많은 게이들은 원나잇과 연애 사이

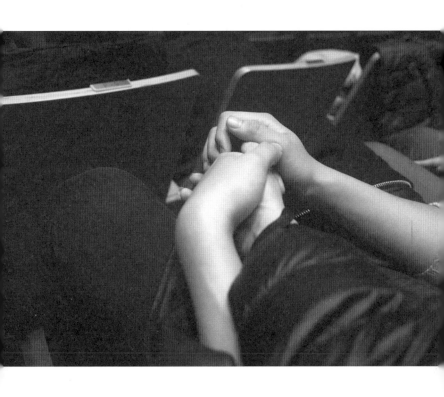

쯤에 해당하는 "섹스파트너"란 관계를 맺는다는 사실도 그때 알게 되었다.

그렇게 통계적 유의미성을 가진 숫자들 앞에 내 성습속을 객관화당해 보는 광경은 장엄했다. 사실 남성에게 끌린다는 걸 알고서부터 10년이 가까운 동안 어떤 오프라인 인맥도 만들지 않고 지내 왔다는 것이 지금 생각하면 참으로 불민한 일이다. 아무튼 그 일을 계기로 한 번 잔 사람과 두 번 다시 안 만난다는 괴이한 철벽을 깨고, 섹스 외에도 무언가 나눌 이야기가 있을 수 있는 섹스파트너나 게이 친구를 만들기 시작했고, 곧 고대하던 첫 연애도 할 수 있었다.

뒤늦게 시작한 연애와 연애들은 그리 순조로이 진행되지 않았다. 처음엔 누구나 그렇겠지만, 연애할 때 내 진심을 어디까지 밀어붙여야 하고, 상대를 어디까지 참아 넘겨야 하는지 모르는 채로 시작하는 연애가 잘 풀리기란 힘들다. 더구나 오랫동안 폐문해 왔다가 자기도 뭐가 있는지 모른 채 한 번 열어젖혀 놓은 내 섹슈얼리티는, 파트너에게 너무 뜨겁거나 너무 차가운 채 가닿기 일쑤였다.

그처럼 연애를 통해서 나를 여는 과정, 나를 알아 가는 과정, 나를 받아들이는 과정은, 어느 한 시점에서 끝나는 것이 아니라 매번 새로운 얼굴로 계속 등장하는 '퀘스트'에 가깝다. 물론 연애의 어떤 경지를 미리 갖추어 연애에 뛰어드는 사람은 없겠고, 다 부딪치면서 배우는 것이라고 해도, 그런 학습의 과정 중에 결과적으로 상대를 '소비'하게 되는 상황도 더러 있었음을 고백해야겠다. 물론 그건 내가 상대방에 대해 그런 것만이 아니고, 상대방 또한 저도 모르게 나를 그런 관계로 여기고 있었던 점과 일정 부분 공모한 것이었지만.

그렇게 뚝딱거리는 연애 몇 회를 지나 지금까지 왔다. 새삼 느끼는 것은, 연애 경험이 쌓일수록 연애가 무슨 인류의 영혼을 구원하는 엑스칼리버 같다기보다는, 아주 작은 균열에도 전체가 무너질 수 있는 유리성 같다는 생각이 짙어진다는 점이다. 그리고 그렇게 생각하는 편이 연애 자체의 장기 지속에도 이로운 듯하다. 따지고 보면 인간관계라는 게 그렇다. 그렇게 굳건한 인간관계라는 게 과연 존재할까 싶다. 그것이 원래 굳건해서 존엄한 게 아니고, 그토록 허약함에도 그것을 가꾸기 위해 애쓰는 각자의 노력이 그 관계를 존엄하게 만드는 게 아닐까도 싶다.

게이의 연애라고 해서 무언가 엄청 특별할 것은 없다. 게이의 연애 문제 안에는 게이 고유의 문제도 있지만, 사람이면 누구나 겪는 관계의 보편적 문제도 함께 끼어 있기 때문이다. 게이 스스로가 그 과정에 임하면서, 이 모든 곤경을 자신의 섹슈얼리티 탓으로 특권화하는 것을 경계할 필요가 있는 이유다. 연애야말로 그런 분별의 감각을 예민하게 시험하는 리트머스 종이 같다는 생각도 든다. 연애 안에서 허우적대는 상태만큼 자기를 투명하게 바라볼 수 있는 때도 드물기 때문이다.

다만 동성애자들은 세상이 전반적으로 가르쳐 주지 않는, 자신의 게이 섹슈얼리티를 어떻게 자신의 삶 속에 끼워 넣고 살아야 할지를 더 깊이 고민할 부담이 있다. 이성애자들의 경우 사회가 주는 섹슈얼리티와 인생의 교범이 너무 많고 확고한 것이 문제라면, 동성애자들은 그런 게 너무 없는 것이 문제랄까. 우선 자신의 섹슈얼리티를 한 꺼풀 인정한 연후에 게이와의 섹스, 게이와의 연애를 어떻게 삶 속에 번듯이 녹여낼까 하는, 좀처럼 퍼뜩 상상되지 않는 고민의 해답들을 만들어 가야 할 숙제가 게이들에겐 있다. 거기에 대해 누가 왈가왈부하든, 이 땅의 수많은 게이들은 지금도 그들의 일상 속에서 자기 나름의 해답을 찾아가고 있는 중일 것이다.

그럼 한집에 살림을 차린 지금 내 연애의 근황은 어떠하냐고? 노코멘트다. 현재진행형으로 가고 있는 연애에 대해서는 글을 쓰지 않는 것이 내 철칙이다. 앞서 말했듯이, 연애는 빗발치는 말들을 버티기에 너무도 허약한 관계이기 때문이다. 말을 하려면 가장 먼저 무엇을 말하지 않아야 하는지 알아야 하고, 내가 살기 위해 내가 무엇을 짓씹지 않아야 하는지 익혀야 한다. 나는 지금의 내 연애 이야기가 끝까지 기록되지 않은 채였으면 좋겠다.

'비연애'의 지분

이성애와 동성애, 연애와 비연애

논쟁 가능한 연애

연애에 관해 무언가를 쓴다는 건 모종의 용기가 필요한 일이다. 연애를 하고 있는 이들은 제 행복에 겨워 글이 눈에 안 들어올 것이고, 연애를 않고 있는 이들에겐 또 너무 많은 뜨내기 말들이 그들을 에우고 있기 때문이다. 본래 연애에는 조언이 불가능하다. 조언이 불가능하다는 바로 그 점 때문에, 연애에 대한 (무의미한)조언이 그토록 역설적으로 넘쳐 나는 것이다. 연애는 어디까지나 두 사람의 문제이므로, 둘의 연애에 있어 다른 사람의 훈수는 원칙상 아무 소용이 없다.

그러나 연애는 '논쟁 가능'해야 하는 것 또한 맞다. 섹슈얼리티가 온전히 개인과 취향으로만 설명될 수 없다는 것은, 현대가 누리고 있는 중요한 성취다. 그게 아니었더라면 지금도 성폭력이나 가정폭력 같은 문제는 그저 "허리 아래"의 남사스런 이야기로, 영원토록 까발려 논의되지 않은 채 제 부조리를 불려 왔을 것이다. 섹슈얼리티가 온전히 개인과 취향에만 속할 문제라면, 가정폭력에서의 "둘만의 문제"라든가 성폭행 가해자의 "개도 즐겼다"는 논리 또한 그 틀 속에서 설득력을 가질 것이다. 이렇게 문제를 '논쟁 불가능'한 사적 영역으로 고착시킬 때, 위와 같은 문제들이 발생한다. 하지만 이걸 끌어내는 건 결코 쉬운 과정이 아니고, 따라서 현대의 섹슈얼리티는 쉬이 간섭하기 어려운, 너무나 논쟁하기 어려운 문제를 꺼내어 논쟁을 시도하는 어려운 과제를 지고 있다.

이는 연애에 있어서도 마찬가지고, 더욱이 성소수자의 연애라면 더 말할 것도 없다. "우리 서로 사랑하게 해 주세요"라는 한 동성애자 부부의 외침이 2013년에 어떤 반향과 '논쟁'을 일으켰는지, 관련 뉴스를 본 사람들이면 너무나 잘 알고 있을 것이다. 헌데 이렇게 마땅히 누려야 할 것 같고, 나아가 성소수자의 존재 증명처럼 세상에 과시해야 할 것 같은 연애를, 적지 않은 사람들이 어려워하고 낯설어하는 광경 또한 커뮤니티 안팎에서 심심찮게 마주한다. 물론 끝내는 "알아서들 할" 문제라는 데엔 동의하나, 그럼에도 이 연애에 대해 말할 수 있는, '논쟁'할 수 있는 부분을 이야기해 보고자 한다.

연애를 "알아서들 하"는 데 적잖이 장애가 되는 몇몇 것들에
대하여.

연애 이데올로기

연애는 하면 좋고, 하면 행복한 것이다. 하여 거의 대부분의
문화 창작물에서는 연애가 테마로 다뤄진다. 그러기에 연애
는 꽤나 보편적인 것으로 여겨지고, 나아가 누구나 하는 것이
전제가 되는, 따라서 누구나 해야 마땅한, 안 하고 있으면 이
상한 것으로 취급되기도 한다. 그러다 보니 때로는 개인이 연

애를 하고픈 마음을 앞질러, '사회' 전반에 연애를 해야만 한다고 부르짖는 협박이 만연해 있다는 인상이 든다.

자기와 상관없는 듯한 사랑의 담론이 창궐할 때 개인은 지극한 소외감에 빠진다. 성소수자라면 거의 누구나, 이성애적 질서로 도배되어 있는 연애 담론에 스트레스를 받아 본 적이 있을 것이다. 저들에겐 남녀 간의 연애가 우주의 탄생만큼이나 지극히 당연해서, 거기에 "내 연애"가 없음을 깨달은 후에도 그들의 배냇짓 같은 행복을 웃으며 마주하다 보면 이내 마음에 병을 입게 되는 것이다. 성소수자 커뮤니티 안에서 성소수자들 스스로 어떤 해방감을 느끼는 것도, 그런 습관적 열패에서 벗어나 연애에 대한 전혀 다른 정의를 공기처럼 호흡할 수 있는 데서 나오는 것일 게다.

그리하여 어떤 게이가 그토록 고대하던 게이 커뮤니티에 발을 들이고, 이제 여느 사람처럼 어울리고 연애도 해 보려는 찰나, 그는 뭔가 이상한 기분에 사로잡힌다. 게이들에게 우호적인 커뮤니티에 들어오고 나서도, 연애는 여전히 무언가 어렵고 낯선 채로 남는 것이다. 특히 '뉴페이스'의 경우 연애를 해 보자거나 누굴 소개해 주겠단 거품이 이내 꺼지고 나면, 커뮤니티만 들어오면 뭔가 바뀔 것이란 기대와는 달리, 온전히 개인의 몸으로 부딪치고 고민해야 할 연애의 몫이 남는다.

물론 성소수자가 그런 고민에 비로소 다다르게 되었다는 것에는 커뮤니티의 공이 따르는 셈이지만, 고민이 보편적인 것으로 바뀌었다고 해서 고민의 무게가 줄어드는 것은 아니다.

그런가 하면, 동성애자뿐만 아니라 이성애자들도, 어딘가 연애를 강권하는 이상한 사회 분위기에 노출된 채 자기 연애를 꾸린다. 어쩌면 이성애자들의 경우 더욱 그런 분위기에 깊이 영향받는다고도 볼 수 있다. 상상할 수 있는 모든 종류의 연애 상황이 스물네 시간 TV로 시연되고, 술자리에서 이야기되는 환경 속에서 자기 연애를 고민하다 보면, 그런 이야기들을 신경 쓰지 않기가 어렵게 된다. 그러다 보면 쉽게 누구에게 떠밀린 연애 고민을 저도 모르게 떠안게 되고, 거기에 너무 귀 기울이다 보면 정작 귀 기울일 제 마음을 놓치게 되고, 자연스레 우러나올 제 마음의 타이밍을 놓치게 되기 쉽다.

그렇게 떠밀리다 보니, 연애를 안 하고 있는 상태를 자의이든 타의이든 무언가 비정상적인 상태로 생각하는 버릇이 널리 퍼져 있다. 사람은 연애를 하고 있을 때보다, 안 하고 있을 때의 자신을 파 보는 것이 중요하다. 그래야 연애할 때 상대에게 자신이 해결하지 못한 과제를 부당히 떠넘기지 않을 수 있기 때문이다. 따라서 연애를 안 하고 있는 것을 무언가 비정상적인 상태로 놓고 습관처럼 한탄하는 것은, 앞으로

의 연애를 위해서도 무대책한 일이다. 연애를 너무나 갈구할 때는 연애가 잘 안 풀리다가, 욕심을 놓고 제 할 일을 하고 있으면 인연이 불쑥 찾아오곤 하는 데엔 이러한 원리가 도사리고 있다.

특히 성소수자들의 경우, 일상에서 충족되지 않는 사랑의 열망을 커뮤니티 안에서 집중적으로 해소하길 원하기가 쉽다. 연애가 너무 간절해서 연애가 너무 하고 싶고 연애를 다들 하는 게 너무 부럽고 왠지 나 빼놓곤 다들 잘만 연애하는 것 같다. 하지만 그렇게 더글더글 끓는 열탕 같은 사랑은, 다른 사람에겐 지독히 낯선 독으로 가닿을 수 있다. 마음이 너무 뜨거우면 거기에 사람이 들어와 살지 못한다. 연애하고 싶어 잔뜩 충혈된 마음엔 좀체 연애가 찾아오지 않는다. 거기엔 이미 내가 사람을 좋아하는 마음 외에, 굳이 깃들지 않아도 될 내 떠밀린 한들까지 상대방에 덮어씌울 준비를 하고 있기 때문이다.

마음이 과도하게 충혈되었는지를 검증하는 방법이 있다. "나는 연애가 불편하다"고 말하는 사람을 한번 상상해 보는 것이다. "나는 동성애가 불편하다"는 차라리(!) 익숙할지언정, "나는 연애가 불편하다"는 이야기는 대체 무슨 말인가 싶을 것이다. 연애를 하고 싶지 않을 수 있다는 게 그토록 이상하게 들린다는 것은, 역설적으로 연애가 얼마나 '내가 하고 싶은' 마음을 넘어선 '이데올로기'로 작동하고 있는지를 드러낸다. 이는 현대인들이 얼마나 무언가에 떠밀려 연애를 하고 있는가에 대한 방증이다. 연애가 너무나 당연히 회자되기에, 당연히 회자되는 그 연애가 그렇게 간절하다가도 때론 내가 아닌 남에 의해 골백번 쓰인 이야기 같고, 무언가 부질없다는 인상을 갖게 되는 까닭도 그와 같다.

연애의 외부, 이성애의 외부

이 시대의 연애에는 '외부'가 없다. 이는 이성애자와 동성애자 공히 마찬가지다. 연애가 무슨 하나의 시민권의 구실을 한 지가 오래되었다. 16세기 서구에서 마녀를 상상하지 못했고, 20세기 많은 국가들이 동성 결혼을 상상하지 못했듯이, 지금 이 시기는 '비연애'의 지분을 상상하지 못한다. 그렇게 '비연애'를 상상 못하는 연애는, 삶 안에서 연애가 제대로 자리 잡지 못하게 하고, 나아가 연애 자체를 숨 막히게 만든다.

어째서 '비연애'를 상상 못하는 연애가 숨이 막힌단 것일까? 이해를 돕기 위해 먼저 동성애를 상상하지 못하는 이성애자의 예를 들어 보기로 한다.

1) 이성애자는 종종 그들이 생각하는 사랑 속에 동성애자의 지분을 갖고 있지 않다.
2) 그들의 사랑은 이성애적 문법으로 가득 차 있고 그 '외부'를 허락하지 않는다.
3) 이렇게 머릿속으로 아예 상상할 수 없는 성소수자의 지분은, 곧 현실 속 성소수자에 대한 실질적인 배제로 이어진다. 과거 많은 백인들이 그들이 생각한 사람의 범주 속에 흑인의 존재를 상상하지 못했듯이.
4) 나아가 외부가 없이 꽉 들어찬 그들의 이성애적 연애관은, 이성애자들 안에서도 그 이성애적 '전형'에 미달되는 이들을 끊임없이 '정

상'이 아니라 낙인찍는 효과를 가져온다.

5) 만약 그들이 사랑이란 틀 안에서 이성애의 '외부'를 인정할 줄 알
게 된다면, 이성애자들은 굳이 전일적일 필요가 없는 이성애의 전
형 대신, 그들 안에서 발견되는 또 다른 소수성에 좀 더 주목하게
될 것이고, 종내에는 그들이 정의하고 체감하는 '이성애'의 속뜻
또한 질적으로 달라지고, 또 풍요로워질 것이다.

이러한 효과는 '비연애'와 연애의 관계에서도 마찬가지
로 드러난다.

1) 연애를 고민하는 이들은 종종 그들이 생각하는 삶 속에 '비연애'
의 지분을 갖고 있지 않다.

2) 그들의 연애는 사회가 강권하는 연애의 문법으로 가득 차 있고
그 '외부'를 허락하지 않는다.

3) 이렇게 머릿속으로 아예 상상할 수 없는 '비연애'의 지분은, 곧 현
실 속 연애를 색다른 방식으로 꿈꾸는 사람들에 대한 실질적인
배제로 이어진다.

4) 나아가 외부가 없이 꽉 들어찬 그들의 연애관은, 연애하는 이들
안에서도 그 연애의 '전형'에 미달되는 것 같은 이들이 끊임없이 스
스로를 '정상'에 견주며 불안해하는 효과를 가져온다.

5) 만약 그들이 삶 속에서 연애의 '외부'를 인정할 줄 알게 된다면, 사
람들은 무엇인지도 모를 것들로 가득 채워진 연애의 선입견들 대
신에, 마음으로부터 뻗어 나갈 연애의 길을 보다 자유로이 받아들
일 수 있게 될 것이고, 비로소 적당히 식어 따뜻해진 마음에는 좀

더 미쁜 사람들이 찾아와 머물 수 있을 것이며, 그렇게 그들이 정의하고 체감하는 '연애'의 속뜻은 질적으로 달라질 것이다.

이성애 또한 나쁘지는 않은 것이지만, 반드시 그렇게 하고 살지 않아도 된다. 그 전제 위에서 누굴 공연히 배제하지 않는 건강한 이성애가 자리 잡는다. 마찬가지로 연애란 좋은 것이지만, 반드시 그렇게 하고 살지 않아도 된다. 반드시 연애를 해야만 한다는 강단 위에서가 아니라, 바로 저런 전제 위에서 건강한 연애가 꽃핀다. 연애 바깥의 삶이 상상되어야 연애도 삶도 바로 설 수 있다. 우리가 동성'애'자, 혹은 이성'애'자로 개념되지만, 그 이전에 보통 '사람'으로서의 정체성을 생각할 때, 섹슈얼리티보다 삶이 광대하다는 말은 이런 맥락으로 되새겨질 필요가 있다.

또한 이처럼, 동성애자들의 존재를 고려하는 것은 이성애자들 입장에서도 나쁠 것이 없고, 마찬가지로 '비연애'의 지분를 고려하는 것은 연애하는 입장에서도 나쁠 것이 없다. 바로 이것이 곧, 퀴어적 감수성이 보편적 의미에서도 그 효용 가치가 있을 수 있는 이유고, 외부의 시선이 곧 내부의 내용을 꾸리는 데에도 유익할 수 있는 이유다.

연애에 임하는 마음은 본래 맨살처럼 예민하다. 그게 때론 과도하게 민감한 것 같아서 차라리 수치스러운 때도 많다. 연애야말로 마음 깊숙한 곳이 스스로 건강한지를 시험하는 시약과 같아, 쉬이 컨트롤되지 않는 마음이 곧 내가 병든 증좌 같아 울적해질 때도 있다. 부디 여러분의 뜨거운 마음이, 바깥바람 들 구멍 하나 없이 상대방의 살갗을 데게 할 만큼의 온도는 아니기를 빈다. 그리하여 뉘에게 떠밀린 남의 연애가 아니라, 온갖 한이 마그마처럼 녹아 수풀 하나 살 수 없는 연애가 아니라, 제 호흡 제 페이스대로 삶의 행복을 추구하다가 그 가운데 만나는 인연들과 나쁘지 않은 연애를 할 수 있는, 내 호흡으로 연애를 숨 쉬게 만들 수 있는 지혜로운 사람들이 많아지기를 바라본다.

인간다움의 기준

J군을 추모하며

——————— 사랑의 조건을 묻다

사회화

맑고 깨끗하고, 때 타지 않은 것들을 보면 불경한 마음이 든다. 나 아니더라도 언젠가 저들이 세상을 치르며 저 순정함을 잃고 말 것이 머리에 훤히 그려지기 때문이다. 따라서 언젠가 누군가에겐 손을 타게 될 것이므로, 더럽힐 주체가 나이어도 크게 상관이 없게 된다. 그렇게 영문을 모르는 '꽃띠'와 세월을 넘은 아저씨와의 계약이 성사된다.

게이라는 게 무언지 몸을 통해 먼저 알아 갈 무렵 내가 만난 많은 아저씨들이 있었다. 내가 특별히 중년 취향이 있었던 것은 아니었다. 그 시절 나는 언감생심 무슨 번듯한 연애보단 그냥 너와 나의 몸이 궁금했고, 세상이 전반적으로 입을 닫고 있는 이 동성연/애의 정체가 괴롭도록 의문스러웠다. 그런 내 상태를 위무하는 데엔 또래보다 손윗사람이 적합했다. 그들에겐 무언가가 있는 것 같았기 때문이다. 무언가 있는 것 같은 이들과 만난 지 30분 만에 알몸인 채로 서로 동등해지는 듯한 느낌이 나는 좋았다. 나는 그때, 나이를 동경했고, 나이를 농단했고, 나이를 이용했다. 내가 가진 무신경은, 아저씨들이 내 몸을 만질 메리트와 교환될 수 있었다. 그렇게 영악한 '뉴페'와 세월 앞에 백치인 늙은이와의 계약이 성립되었다.

1990년대 말에 이 바닥에 눈을 뜬 초짜 게이의 특장이라

면 그런 것이었다. 나는 내 선배들처럼 여느 영화관이나 게이
바, 찜방, 터미널 화장실에서가 아니라, 채팅으로 만난 아저씨
들을 통해 이 바닥을 처음 접했다. 일 대 일의 익명성과 간편함
은 곧 한 번 섹스하고 버려질 관계를 끝도 없이 양산하는 결
과를 낳았다. 그 시절 나에게 게이는 크리넥스 티슈처럼 한 번
국부를 닦고 버려지는, 그래야 마땅할 휴지 조각 같은 존재
였다. 그리고 그렇게 알게 된 게이씬의 범주 안에서 나는 내가
가진 불안함을 연료로 삼는 도락의 장소들을 자꾸 찾았다.

아무리 말이 안 되는 환경이라고 해도, 그곳에 오래 머무
르게 되면 자연히 요령 머리가 생긴다. 덜 상처받는 방법, 덜
귀찮은 방법을 찾게 된다. 순정함을 지키는 것보다 순정함
을 겹겹이 지워 내는 것이 어릴 땐 더 재밌다. 그것들을 지우
고 난 세상엔 다른 무언가가 있을 것 같기 때문이다. 가령 나
는 게이가 많이 드나드는 일반 사우나 수면실 통로의 "동성
연애 변태 사절"이라는 문구를 마음에 거리낌 없이 지나칠 수
있게 되었다. 익명으로 몸과만 얽히는 그 속에서의 관계가 차
라리 사해 평등적으로 보일 때도 있었다. 참으로 기이한 말이
지만, 낯선 이들의 몸매를 만질락 말락 하며 몇십 분을 들여
상대가 '만져질' 의사가 있는지 확인하는 그 모든 기벽들이,
적어도 그때는 스스로 '인간답고 싶'기 위해 노력한 결과들이

었다. 그곳에 누워 있던 일군의 게이들이 벗은 몸을 뒤틀며 누구에게 만져지길 밤새도록 기다린 까닭은, 그들도 잠시나마 '사람'이고 싶었기 때문이다. 좀 더 인간다울 수 있는 방법을 찾지 못했던 게 한이 되기는 했지만 말이다.

그렇게 "굴러먹었다"는 말의 실질적인 내용을 겪어 갈 동안 나는 전반적으로 나와 타인에게 무던해졌다. 모르는 아저씨의 팔을 붙들다 "호모새끼"라 불리며 사갈시 되는 일도 그럴 수 있는 일이었고, 게이 섹슈얼리티를 공개된 장 속에서 어떻게 다루어 내야 할지 아무 대책이 없는 사회도 뭐 까짓 그럴 수 있는 일이었고, 스스로 무슨 욕망을 가지고 있는지 자

꾸 불투명해져만 가는 내 자신도 충분히 이해할 수 있는 일
이었다. 나 스스로를 이해할 수 없는데 다른 무언가를 이해할
수 없다며 닦아세울 수 없는 노릇이었다. 그런 상황에서 살
아가는 방법 중 하나는 나와 세상 모두를 불투명하게, 모호
하게 대하는 것이었다. 참으로 희한한 말이지만, 그때는 그런
눈가림이 내가 그나마 세상을 사랑할 수 있는 방식이었다.
나에게 적대적이지 않은 부연 세상을 나는 그런 식으로라도
창조해 내고 싶었다. 그런 것이 곧 20대 초반 때 내가 게이로
서 겪은, 이제 뭘 좀 아는 것 같던 "사회화"의 내용이었다.

상품화

벗은 몸으로 남자들을 오가는, "사람다운" 모습으로 "세상
을 사랑"하는 이상한 모양새가 그때는 끝도 없이 이어질 것
만 같았다. 사람의 마음은 무엇보다 예민하지만, 또 무엇보
다 둔감하기도 하니까. 지금에 와선 어떻게 버텼는지 모르겠
는 것들을 그때의 나는 잘도 버티고 살았다. 괴롭다는 걸 가
끔은 크게 알았지만 대개는 몰랐다. 앞서 말했듯이, 오래 머
무르다 보면 요령 머리들이 생기게 마련이니까.

그러는 동안 요령을 집대성해 놓은 듯한 게이 매칭 앱이
나왔다. 앱에는 정확한 수치와 사진을 통해 초면의 상대에 대

한 정보가 경제적으로 집약되어 있었다. 게이씬은 더욱 유비쿼터스해졌다. 특정 장소나 특정 구역에서만 접할 수 있던 남자의 몸들이, 잠드는 시간을 제외한 모든 시각에 손바닥 위를 둥둥 떠다녔다.

그렇게 규모의 경제가 달성되었으므로 앱 속의 남성들은 급격히 상품화되었다. 조심스런 문자가 차단으로 응답되는 일은 비일비재했다. 사진을 먼저 공개하고 차단되는 일도 부지기수였다. 사진을 믿고 만난 자리에 다른 사진이 앉아 있던 일은 양손으로도 다 못 센다. 하지만 그중 태반이 가짜란 걸 알면서도 당장 눈앞에 떠다니는 얼굴과 몸들을 나는 포기할 수가 없었다. 그것들은 어쨌든 이전의 환경보다 '쾌적'했기 때문이다. 연중 공기청정기와 BGM을 틀어 주는 대형 마트의 내부처럼. 그곳에서 딴 물건을 고르는 것도, 그러면서 그 물건 중 하나가 되어 보는 것도, 게이일지 아닐지 모르는 남자가 옆에 누워 제 몸을 만져 주기를 밤새도록 기다리는 짓보다는 어쨌든 짐짓 쿨하고 '쾌적'한 일이었다.

그러는 중에 나도 몇 명의 사람을 만났다. 이전과 같은 익명의 남자가 아니라, 눈, 코, 입이 붙어 있고 말을 할 줄 아는 사람. 그 사람들과 이따금 연애란 걸 해 보고도 싶었지만, 잘 되지 않았다. 그런 인간관계를 배워 본 적이 없었으니까.

좋아하는 감정만으로 연애를 할 수 있다는 소리는 내게 흡사 단군신화처럼 들렸다. 나는 그런 식으로 세상을 사랑하고 스스로 인간다워 본 적이 없었기 때문이었다. 나는 여전히 내게 인이 박힌 어떤 습관대로 사람 사이를 부유했고, 나도 모르는 내 연애 감정은 아무 곳에나 가 붙어 나를 울리거나 언제 그랬냐는 듯 이내 무던해지고는 했다. 그러다가 한 아이를 만났다. 내가 순정함을 겹겹이 지우면서 내가 순정할 때 만났던 아저씨들의 바로 그 모습을 닮아 갈 동안, 내가 그렇게 되기 전의 모습과 가장 많이 닮은, 나보다 몸집이 커다랗던 갓 스무 살의 초짜 게이를.

우리는 뚝딱거리는 연애를 시작했다. 손을 잡고 섹스를 하고, 밥을 먹고 산보를 했다. 좋아함의 수명을 가늠할 실력이 없었던 나는 한 달 후 결별을 통보했다. 소싯적 내게 굳은 얼굴로 그만 만나자고 했던 아저씨들의 표정을 지어 가며. 헤어지던 길에 그는 내게 안겨 한참을 울었고, 나는 그 아이의 덜미 너머로 건물 벽들이 푸르게 젖어 가는 풍경을 바라보았다. 순정을 몇 번이고 지워 낸 자리에 남은 뭉툭한 자국이 속으로 말했다. 이런 것에 너도 점점 익숙해질 거라고. 그런 게 내가 겪은 이 바닥의 법칙 같은 거라고. 그리고 나는 이내 내게 친숙한 사회와 시장으로 돌아왔다.

몇 달이 지나고 그 아이가 앱에 나타나기 시작했다. 이따금 몇 마디도 나누었다. 그는 이곳의 생리에 지친다는 말을 했다. 사진만 보곤 채팅 중에 차단하는 애들이 왜 이렇게 많아요? 사람이 사람을 이렇게 대해도 되는 거예요? 부들부들 떠는 그의 메시지를 보며 나는 소싯적 나만큼이나 거대했던 그 아이의 몸집을 생각했고, 그 속에서 느꼈던 갖가지 소외를 복기했고, 그것들 모두가 다른 것과 더불어 무던해져 가던 세월을 떠올렸다. 그리고 말했다. 여긴 원래 그런 곳이라고. 그러니 자기 능력껏 좋은 사람 찾아 만나면 되는 거라고. 그의 하소연은 이후에도 몇 번 반복됐고, 그때마다 나는 기억이 나지 않는 모호한 말로 되받았던 것 같다. 그러곤 앱 속의 수다한 채팅창이 그랬듯, 그 아이와의 소식이 끊겼다.

그로부터 1년 남짓 되던 날, 그 아이의 카톡 프로필에 모친이 올린 부고가 떴다. 사인은 심장마비였다. 그의 며칠 전 SNS엔 인간관계에 얽힌 스트레스와 함께 안면 마비 증상을 호소하는 포스팅이 있었다. 그 즉시 '즐겨찾기' 되어 있던 그의 앱 프로필에 들어가 보았다. 한 인간이자 하나의 상품이고자 했던 그의 필사적인 사진과 글귀가 그곳에 그대로 남아 있었다. 나는 견딜 수 없어 그의 프로필을 '차단'했다. 장례식엔 차마 가지 못했다. 내가 떠들던 바대로, 그 모든 것들에 무던할 능력이 모자라서 사회진화론적으로 도태된 내 전 애인의 영정을 맨 정신으로 도저히 마주할 수가 없었다.

　망자를 둘러싼 온갖 망집에 시달렸다. 내가 눈감고 조금만 더 오래 사귀었더라면 그 아이가 죽지 않을 수 있었을까? 그 아이가 게이 인간관계 문제로 그렇게 괴로워했을 때 내 지난날을 떠올리며 조금 더 상냥하게 말했더라면, 그가 좀 더 오래 살 수 있지 않았을까? 그러나 생각해 보면 내 스스로도, 내 과거들을 그렇게 살갑게 대우해 준 적이 없었다. 그건 그저 처음부터 그랬던 거였고 그런 줄로 알았고, 그냥 거기에 맞춰 살았을 뿐인 것이었다. 그때 내가 생각했던 사람다움과 아름답게 상품화된 시장에서 적당히 살아남는 법 같은 요령들과 이 정도면 되었지 하고 체념했던 세상의 소외, 그 모든 것들이 일시에 무너지는 광경을 보았다. 내가 터무니없이 낮게 잡았던 인간다움의 기준과 세상에 대한 기대가, 그렇게 한 아이가 죽어 가도록 방조한 힘의 일부가 된 것이었다.

　자신과 세상에 대해 기대를 갖지 않는다는 것이 어째서 '죄'인가를 내내 곱씹는 일은 생각보다 평온하게 진행됐다. 자신의 예민함을 제 손으로 닫아 버릇했던 이들의 악습과도 같은 것이었다. 나는 그 일로 어딜 가서 울부짖은 적은 없다. 다만 그렇게 끝도 없이 멍했을 뿐이다. 그리고 무엇에 홀린

듯이 별안간 '친구사이'에 나가고, 비교적 긴 연애를 어렵게 시작하게 된 것은 모두 그 일 이후에 일어난 일들이다.

빚

맑고 깨끗하고, 때 타지 않은 것들을 보면 불경한 마음이 든다. 젊은 날 내가 깨끗했을 때 조금 더 현명하게 살지 못했던 것이 참을 수 없이 후회스럽고 질투가 나기 때문이다. 또 어렸을 적에 내가 당장 인간답고 싶어서 안으로 무너뜨렸던 사람다움의 기준과 당장 세상과 화해하고 싶어 이지러뜨렸던 세상에 대한 기대치에 대해 빗대어, 이제는 애인과 한집에 지낸 지 반 년이 된 지금에도 그 후유증에 조금씩 시달리고 있다는 것을 조용히 깨달을 때가 있다.

그래도 이따금 새로 찾은 행복들 속에서 문득 연하게 피어오르는 연약한 것들을 떠올릴 때마다, 그 예민함을 누구보다 닮았던 죽은 옛 애인의 모습이 떠오른다. 그리고 사람이 누려도 좋을 행복 하나를 짓는 데에 얼마나 많은 세상이 필요한지에 대해 생각한다. 그렇게 난 그 이후의 목숨을 반쯤 빚지고 사는 것이다. 마치 내 연약한 순정을 없었던 것처럼 짓까부르던 세월을 영원토록 복기하며 살라는 뜻으로 말이다. 돌이켜 보면, 사는 게 다 빚이다.

찜방의 후에
연애와 성산업

연애에는 보통 일정한 규범이 따른다. 다른 사람과 섹스하지
말 것이라든지, 각자 서로가 정한 다양한 약속들이 있을 것이
다. 그리고 세상에는 다양한 종류의 성산업과 숱한 유혹들이
존재하고, 그 사이에는 일정한 긴장이 늘 존재한다. 비단 연
애를 하고 있을 때뿐 아니라, 일상을 살면서도 그 같은 긴장
은 항상 우리 곁을 맴돈다.

　동성애자들에게도 다양한 성산업이 있다. 가령 소정의 입
장료를 내면 그곳의 게이들과 마음껏 섹스할 수 있는 '찜방'
이란 곳이 있다. 이성애자들에게선 그러한 형태를 좀처럼 찾
아보기 어렵기 때문에, 혐오 세력들은 이러한 게이 하위문화
를 동성애를 공격하는 가장 손쉬운 근거로 삼는다. 이러한
상황에서 동성애자들의 '찜방' 문화를 공정히 다루기 위해서

는 먼저, 이성애자들을 위한 성산업 인프라가 동성애자의 그것에 비해 얼마나 광범위하게 조성되어 있는지에 대한 장광설을 늘어놓는 것이 마땅하겠으나, 여기서는 그런 격 떨어지는 수고는 건너뛰기로 한다.

그보다 중요한 것은 다음과 같은 것들이다. 성산업의 존재에 동의하건 말건, 우리가 사는 세상은 성산업이 뻔히 존재하는 곳이고 대부분의 사람들은 그의 존재를 알고 있다. 따라서 우리에게 필요한 건 성산업이 없는 세상에서의 윤리가 아니라 성산업이 있는 세상에서의 윤리다. 각자가 성산업을 이용하든 하지 않든, 그런 곳에 가거나 가지 않는 일을 어떻게 생각해 두느냐 하는 것은 살아가는 데에 피할 수 없이 중요하다. 이에 관해 내가 좌충우돌하며 겪은 경험들을, 부끄럽지만 소개할까 한다.

"모든 시답잖은 도덕으로부터 이탈된 채 찜질방에 누워 있을 때는 가끔 철인처럼 무한정 힘이 솟기도 하고 어쩔 때는 한없이 눈앞이 어두워지기도 해. 마치 바닷속에 둥둥 떠 있는 것 같았지."
취재 중 필자는 그런 그의 기분이 어떤지 어렴풋이나마 이해할 것 같았다. 오르락내리락하는 쉼 없는 자맥질. 그 부침 사이사이로 비늘처럼 아릿하게 박혀 오는 질문은 이러했다. '그러나 우리는 정말로 자신의 욕망을 알고 있는가?' 날카롭게 끝이 선 성적 욕망은 수면 위로 올라올 적마다 금세 햇빛에 부서졌을 것이다.

_ 이송희일, 〈호모 사절 — 사우나와 찜질방의 역사〉, 《BUDDY》 5, 1998.6., 53쪽.

나는 비교적 찜방에 늦게 입문했다. 무서웠기 때문이다.
한 번 '맛 들이면' 빠져나올 수 없을 것 같았다. 그리고 예상
된 중독의 힘만큼 간절히 가 보고도 싶었다. 대체 어떤 곳이
길래. 실내는 어떤 모습일까. 정말 잘생기고 몸 좋은 이들이
많을까. 어떤 날은 찜방에 대해 알아본 정보들이 조합되어 꿈
속에 나타나고는 했다. 그곳에서 배덕감을 가져가며 폭력적
인 섹스를 하다 잠에서 깼다. 깨고 나서 가슴을 쓸어내리고,
그러곤 또 가 보고 싶었다.

원나잇을 처음 배우고 나서 끊는 데 10년이 걸렸다. 처음
세 번 정도 자 보면 대충 원나잇이 어떤 것이라는 견적이 나온
다. 적어도 1주일에 걸쳐 알아 가야 할 매혹의 길을 30분 만
에 짓밟는 관계가 성할 수 없었다. 알고서도 많은 사람을 그
렇게 허투루 만나고 치웠다. 결과가 뻔하다는 걸 알고 있는
건 아무 도움도 주지 못했다. 몸의 관성이란 무서웠다. 상대
가 30분 만에 옷을 벗게 만드는 괴악한 스킬만이 늘어 가고,
섹스를 하고 이튿날 뻔뻔스러워지는 능력만 더해 갔다. 이렇
게 살고 싶지 않다고 몇 번을 생각했지만 고쳐지지 않았다.

앉은 지 한 시간 만에 사람을 고를 수 있는 웹의 권능은 위대했다. 그 시절 MSN 메신저 로그를 지금도 보관 중인데, 한 번씩 꺼내 읽을 때마다 멘탈이 박살 난다. 어느 날 어김없이 원나잇을 하러 갔는데, 섹스 시 그 집의 애완견이 자꾸 발을 핥았고, 섹스가 끝난 후엔 그 개가 계속 날 보고 짖어댔고, 상대가 그 개를 안고는 뭘 어쩌라는 식의 눈빛을 내게 쏘아대던 그제서야, 원나잇을 하면서 머리로만 깨달았던 바들이 가슴으로 내려왔다. 이반시티 챗과 게이 앱을 손에 들고 그것을 내 생활에 성공적으로 끼워 넣고 사는 윤리를 갖추는 데 10년이 걸린 셈이다.

그걸 알았기에 찜방이 무서웠다. 사람 얼굴도 안 보고 섹스를 한다는 그곳을 내 생활에 넣고 사는 윤리가 생기기까지는 대체 얼마의 시간이 걸릴까. 기이하게 나는 대도시 곳곳에 있는 찜방의 위치를 일부러라도 모르려고 했다. 대신 얼핏 들었던 정보를 따라 거기 근처를 배회하고는 여기가 그곳인가 짐작하는 억지 모르쇠 짓만 계속했다.

어느 날 부산에 있는 본가가 이사를 했다. 위치는 다름 아닌 범일동이었다. 아는 게이의 친절한 소개로, 집 앞 3분 거리에 유명한 찜방이 있다는 걸 알게 되었다. 'only

membership'. 신이 주신 시험인가 싶었다. 본가에 내려갈 때마다 집보다 그 찜방을 먼저 쳐다보았다. 언젠가는 가게 되리란 예감이 간판을 볼 때마다 끈덕지게 나를 붙들었다. 드디어 첫 입장을 한 날은 술에 많이 취해 있었다. 오랜만에 고향 친구를 만났는데, 그가 참 부러웠다. 자기 세계에서 일가를 구축한 녀석을 보고, 갑자기 나도 내 세계를 증명받고 싶어졌다. 나는 아무렇게나 남자를 만나 잘 수 있는, 임상적으로 뒤끝 없는 원나잇 윤리를 가진, 주체적으로 성을 향유하는 근대적 인간이며, 이것이 나의 일가라고. 그 일가를 완성하기 위해서, 나도 이 바닥의 끝점은 찍어 봐야지 않겠느냐고. 술을 먹은 두뇌가 급진적으로 돌아갔다. 어떤 욕망이든 그곳에 빠져 허우적대고 나온 후에 그 쾌락에 대한 진정한 윤리가 만들어지는 것 아니겠냐고. 나는 무슨 인생의 한 국면을 여는 듯 택시를 타고 결연한 발걸음으로 계단을 올라갔다.

그곳은 내가 상상하던 곳과 완전히 달랐다. 생각했던 것보다 훨씬 더러웠고, 생각했던 것보다 훨씬 매혹적이었다. 정액과 인분 냄새로 찌든 손잡이를 한 번 잡은 손에선 그 냄새가 좀체 안 지워졌다. 속 호스가 반쯤 노출된 샤워기로 샤워를 하고 가운을 걸쳤다. 베일로만 칸막이가 쳐진 각 방에서 보란 듯한 교성이 들려왔다. 술김에 가장 큰 방에 들어갔는

데, 세 귀퉁이에서 각자 다른 쌍들이 다른 톤의 교성을 내고 있었다. 나는 나머지 한 귀퉁이에 누웠다. 어떤 낯선 아저씨가 라이터로 얼굴을 확인하더니 애무를 하고 성기를 넣기 시작했다. 사방四方의 교성이 완성됐다. 내 오른쪽에는 40대 아저씨가 섹스 중인 내 손을 꼭 잡고 있었고, 왼쪽도 배불뚝이 아저씨가 내 눈을 물끄러미 보고 있었다. 머리와 몸이 빙빙 돌아가는 섹스 후, 나는 아무렇게나 놓여 있는 수건과 콘돔과 찢어진 젤 봉지를 밟으며 아무 방에나 퍼져 잠이 들었다. 두 시간마다 한 번씩 잠을 깨우는 손길이 엄습했다. 그곳은 특이하게 아침 햇살이 비치는 방이 있었는데, 공교롭게도 그 방에서 아침을 맞았다. 왠지 저 빛깔로 빛나선 안 될 것 같고 영원히 검은 방에 있어야 할 것 같던 얼룩진 침구들이 눈에 들어왔다. 눈이 퀭하고 마른 아저씨가 내 성기를 세우고 뒤돌아 자신의 뒤를 밀어 넣었다. 몇 분이 지난 뒤 나는 사정했고, 그는 느린 몸짓으로 내 정액이 든 콘돔을 자꾸 품에 챙기려고 했다. 나는 신경질적으로 그것을 낚아채곤 그 방을 나왔다. 그제야 술이 깼다.

집에 와서는 숙취와 무리한 섹스로 몸에 내상을 입은 듯한 기분으로 온종일 자리보전을 했다. 손에 묻은 냄새가 이틀간 지워지지 않았다.

그 후로 술만 마시면 찜방 생각이 났다. 열 번 중 여덟 번을 참고 두 번을 못 참은 것 같다. 원나잇처럼, 그곳에서의 일도 점점 익숙해졌다. 콘돔을 거부하는 상대를 내치는 방법, 핸드폰과 라이터로 얼굴 비추는 이들을 방어하는 방법, 마음에 안 드는 상대를 정중히 거절하는 법 따위. 무엇이든 적당히 하면 요령이 생기기 마련이었다. 나는 원나잇 때도 그랬듯이, 그곳에서도 거기 있는 사람들과 섹스 전에 대화를 시도했다. 섹스를 위해서라도 서로를 알고 있는 게 도움이 되리란 계산에서였다. 그리고 그런 이들과는 바깥에서 두 번 이상을 만나지 않았다. 오로지 섹스를 위해 모든 인간관계의 미네랄을 투여한 관계가 오래갈 리 만무했다. 그곳에서 여러 사람을 만났

다. 고등학교 후배, 예전 원나잇 때 이미 한 번 잤던 사람, 대머리 아저씨, 하루에 입장료를 세 번 냈다는 아저씨, 필리핀 조선노동자, 디자인 전공생, 술을 먹고 취한 게 아닌 게 분명한 좀비, 지금은 아는 사람의 애인이 되어 있는 눈이 말갛고 섹스 매너가 좋던 아이 등. 토요일이 되어 사람이 미어터지면, 그곳의 가장 꽃미남이 성기를 세우고 누워 있는 양옆으로 몸이 좋고 남자다운 게이 두 명이 그 아이를 독점하여 만지고 있고, 그 위를 핸드폰 액정들이 비추고 있는 영화 세트 같은 광경이 벌어지기도 했다.

거기서 나는 무얼 느꼈을까. 해방감? 그런 생각이 가끔씩 들긴 했다. 어쨌든 이런 구조는 금전적 진입 장벽이 낮고 참여 구성원들에게 비교적 평등한 섹스를 제공해 주었다. 제법 하등한(!) 연애 문제로 고민하고 있는 아이들은 차라리 강제로 이곳에 넣어 보고 싶은 생각도 들었다. 배덕감? 처음에는 있었지만 드나들며 그 나름의 요령 머리가 생긴 후로는 그 요령을 부려 보는 즐거움이 그것을 압도했다. 가령 나는 이런 환경에서도 결코 아무와 섹스를 하진 않은 것이다! 나는 이러한 가운데에서도 주체적인 분별의 묘를 잃지 않았다! 물론 그것이 정말로 주체적이었는지는 나중에 판명될 것이었다.

어떤 날은 그래 본 적도 있다. 갑자기 세상 사람들이 불쌍해졌고, 특히 그 찜방에 있는 인간들이 불쌍하게 여겨졌다. 그래서 새벽에 맨 정신으로 찜방엘 갔다. 교성 소리를 배경 음악 삼아 한 귀퉁이에 앉아만 있었다. 앉은 사람은 건드리지 않았지만 졸음이 와 잠시 눕기만 하면 어딘가에서 손이 덮쳐 왔다. 그러고 한두 시간을 있었던가, 거기에 있는 사람들이 실은 사람이 아닐지도 모른다는 생각을 했다. 깜깜한 방구석 모서리에 귀신이 서 있을지, 아니면 거기 그러고 있는 이들 중에 귀신이 있을지 누가 알겠으며, 안다고 한들 누가 신경 쓰겠나 싶었다. 저렇게 이곳에 와서야 생전의 욕망을 뒤늦게 풀고 있는 귀신들이나, 저러고서야 평소의 욕망을 귀신처럼 드러내 놓고 있는 사람들이나 다 한 뱃속이란 생각이 들었다. 그리고 맨 정신으로 그곳을 빠져나왔다.

내가 찜방을 끊게 된 계기는 두 가지다. 첫째로 전 애인과 고대하던 장기 연애를 했다. 그는 나보다 게이 커뮤니티에 대한 경험이 많았던, 따라서 나보다 고양된 성윤리를 가지고 있는 사람이었다. 찜방이 있는 특정 장소를 지날 때마다 신경이 쓰이던 어느 날 나는 그 애인에게 찜방에 한 번 같이 가 달라고 이야기했다. 그는 조금 생각하고는 흔쾌히 허락했다. 가서 보란 듯이 그와 섹스를 나눴다. 소리가 떠나가도록 찌

렁대는 와중에 '씨발'이라고 외치고라도 싶은 심정이었다. 그
제서야 나는 그곳에서 진정으로 무얼 원해 왔는지 알았다. 그
러고 나오니 내가 한때 중독되어 허덕대게 만들었던 그곳의
모든 구석들이 우스워 보였다. 그러곤 그 찜방 주위를 아무
런 마음의 동요 없이 지나다닐 수 있게 되었다.

　둘째는 그 애인과 헤어지고 나서다. 무척 고통스럽게 헤
어지고 나서, 어느 날 마음에 약이 단단히 올랐다. 아무렇지
도 않던 그 찜방에 아무렇지도 않게 들어갔다. 들어가서 사
정 한 번 없이 3명의 바텀과 섹스를 했다. 마지막 친구와 섹
스를 하던 도중, 섹스 중에 벗어 놓았던 도수 높은 안경이 두
동강이 났다. 그것으로 섹스는 중지됐고, 나는 찡그린 채로
앞을 더듬거리며 긴 복도를 통과해 샤워를 하고는 밖으로
빠져나왔다. 그러고는 집으로 걸어오며 길게 울었다. 속상하
고 수치스러워 견딜 수가 없었다. 그 후론 한 번도 찜방엘 가
지 않았다.

　며칠 전에 '친구사이'에서 만난 한 아이가 찜방에 대해 물
었다. 한 번도 안 가 봐서 가 보고 싶다는 애를 두고, 웬만하
면 술 번개에서 말이라도 섞어 보고 섹스를 하라고 했다. 나
는 나의 말에 힘이 없는 것을 안다. 나는 '내가 찜방을 안 다

넜다면'과 같은 가정법의 나를 유추할 능력이 없다. 나는 내가 겪은 인생의 부분만을 말할 수 있을 뿐이다. 다만 이것만은 말하고 싶다. 사람은 자신에 대해 생각보다 많은 것을 모르고, 알았더라도 쉬이 까먹는다.

윤리를 얻기 위해 욕망에 허우적거려 보고 난 소회가 어떠냐고? 난 비로소 얻은 윤리와 그것을 가능케 한 엄청난 수의 경험 사이의 무게를 견줄 만한 힘이 없다. 그러니 부디, 현명해지길 바랄 뿐이다. 어떤 곳에서건 그것을 버티고 소화할 윤리가 생기는 것은 맞지만, 그것을 정말로 획득하고 싶고 또 그 긴 경험을 감내한 채로 행복할 수 있을지는 당신만이 아는 것이며, 바로 그 사실에 대해 당신은 아마 잘 모르고 있을 공산이 크다는 것만 말하고 싶다. 간절히, 이 글을 읽은 당신이 행복했으면 좋겠다.

덧1) 이 글에 대해 어떤 절친한 게이 형은 다음과 같이 반박했다. 이 글에 묘사된 내 경험은 그곳이 '찜방'이라서가 아니라 '한국'의 찜방이 유독 '어둡기' 때문이며, 외국의 경우에는 유사한 공간을 더 밝게 꾸며 놓은 곳이 많고, 그런 곳에서 벌어지는 관계의 양상은 암실에서의 그것과는 다르다는 것이었다. 충분히 일리 있는 지적이라 생각한다. 기실 게이타운으로 유명한 종로의 게이바들도 지하에서 1층으로, 1층 전체를 벽으로 막는 것에서 유리창으로 내부를 볼 수 있도록 트는 변화를 겪어 왔는데, 한국의 찜방 또한 앞으로 어떤 식으로 바뀌게 될지 주목된다.

덧2) 2015년 1월 13일, 대법원은 위와 같은 동성애자 전용 찜방에 대해 "성인들이 합의하여 하는 은밀한 성생활을 국가나 제3자가 개입하는 것은 적절하지 않다"고 판단, "이를 업주가 단속하는 것도 적절하지 않아 그것으로 죄를 물을 수도 없다"며 기소된 찜방 업주에게 무죄를 선고했다.

_⟨法 동성애자 '찜방' 무죄… "업주가 성행위 단속할 의무없어"⟩,《신문고뉴스》2015. 1. 13.

공간

종로

존재와 부재의 시공간

종로를 걷습니다. 창덕궁과 종묘를 이웃하여, 전제 군주 시절의 위엄을 비웃는 듯 소일하는 노인들 사이로, 게이들이 제옷깃을 거두는 종로3가를 걷습니다. 이곳의 계절은 격에 맞지 않는 고색창연함으로 가득합니다. 늦겨울에서 봄으로 가는 길목에 이곳을 드나드는 베테랑과 뜨내기들도, 저마다 제자리를 비우고 새 사람을 맞습니다.

밤이면 유독 밝아지는 종로의 거리를 낮에 거니는 것은 무슨 영문일까요. 꼭 먼 나라의 요정집을 들르는 것 같습니다. 어깨가 다닥 붙은 한옥 처마들 가운데 불 꺼진 술집들이 버짐처럼 피어 있는 곳, 매일 이곳에 야시장이 섰다는 전설이 천일야화처럼 거듭 쓰여지는 곳. 새벽동이 밝아 오면 멀리 깔리던 는개 사이로 언제 그랬냐는 듯 조용해지던 포차의 거리들이 생각납니다.

종로를 찾은 사람도 많지만, 종로에서 사라진 사람들도 많습니다. 그런 그들을 그리워할 새도 없이, 새 엉덩이와 새 입술을 가진 '뉴페'들이 흘러들어 옵니다. 거듭 갱신되는 젊음의 '물' 사이로, 종로의 낮거리는 참 기이하게 늙어 있습니다. 그러고는 그 거리의 낙담을 어느새 닮아 버린 몇몇 언니들의 공들여 늙은 얼굴이 떠오릅니다.

종로에는 게이들이 존재합니다. 매일 밤 불 켜지는 포차의 백열등과 훈남들, 그곳에서 아무 약속 없이 아는 친구를 만날 때의 반가움과 당혹스러움, 숨 막히는 일반 코스프레 끝에 허덕이며 도달한 동류와의 술자리, 그들과 나누는 은밀한 위안과 쾌감, 그리고 그 사이에서 어떤 의미라도 찾아 분투하는 몇몇 운동 단체들과, 그들 사이에서 마찬가지로 또 다른 자신의 일상을 개척해 가는 건실한 게이들.

하지만 종로에는 게이들이 부재합니다. 동류와 만났다는 즐거움은, 동류와 만났다는 이유로 더 큰 혐오로 빠지기도 쉽습니다. 여기 이외의 다른 곳에서 나를 아는 척하지 말라는, 우리는 여기 이곳에서만 서로 동류일 뿐이라는. 남자를 찾아 모여드는 부나방들 중에 적잖은 이는, 이곳 외 다른 곳에서 끝내 자신을 들키고 싶지 않습니다. 그들에게 이곳은 제 욕망이 넘치다 못해 들르는 휴게소와도 같고, 공교롭게도 이곳엔 그런 휴게소의 기능에 값하는 여러 업소들 또한 더러 존재합니다. 그러다 보면 여기서 만나고 웃고 떠들던 관계들이 일거에 농담같이 여겨지거나, 마치 없었던 일처럼 취급되기도 합니다. 꺼내 보이지 말아야 할 것을 꺼내 보이는 공간의 팔자란 그런 것이겠지요. 하여 종로3가의 낮 거리에는 역설적으로, 게이들이 존재하지 않습니다.

게이들은 종로에 존재하지만 또한 부재하고, 존재하고 싶어 하지만 동시에 부재하기를 원합니다. 그 가운데 적지 않은 이들은, 그렇게 반투명으로 애매하게 취급당하는 처지를 견디기 어려워하기도 합니다. 이런 낮도깨비 같은 판에 내 삶을 기대는 것이 과연 가당키나 한 일인가. 돌아서면 사라질 것만 같은 이 공간에 기대어 나는 대체 어떻게 살아가야 하는가.

우리의 삶은 본래 한 치 앞을 알 수 없지만, 적어도 반의 반 치 앞의 미래가 큰 걱정 없이 행복할 수 있으리란 기대는

중요합니다. 설령 오늘이 힘들더라도, 이러한 오늘이 내내 반복되지는 않으리라는, 조만간엔 또 좋은 날이 오고 말리라는, 아무 뜻도 없는 기대 말입니다. 아무 근거 없는 그런 기대들은 의외로 사람이 당장 숨을 쉬고 살 수 있도록 해 주는 소중한 느낌이고, 그것은 또 의외로 아주 구체적인 삶의 조건들에 의해 지탱됩니다.

그리고 도무지 반 치 앞도 그려지지 않는 삶이 끝없이 반복되리라 여겨질 때, 사람은 문득 살고 싶지 않다는 생각에 사로잡힙니다. 게이로서 어떤 인생을 꾸려야 할지 어렴풋한 실마리도 잡히지 않는 경험은 늘 가혹합니다. 더구나 이곳에서 만났던 관계들이 누군가에게, 또 스스로에게 마치 없었던 것처럼 취급당해 본 사람은, 이제껏 살아온 인생과 목숨도 그처럼 없었던 것으로 치부해 버리고 싶기도 합니다. 그렇게 미래에 대한 아무 기대가 없어지고, 삶이 여기서 더 이상 나아지지 않겠다는 예감이 들 때, 사람은 제 삶을 이만 제 손으로 거두고 싶다는 충동 속에 자신을 몰아넣기도 합니다.

가령 그런 사람이 있었다고 합시다. 분별없는 환대와 분별없는 적대 속에 자기를 팔고 다니는 것이, 오래전부터 밑도 끝도 없었음에도 딱히 그걸 그만둘 수는 없었고, 무엇이 문제고 어디부터가 잘못인지 알 수도 없었던 사람 말입니다. 이따금 어금니 물고 견디던 그 힘들은 너무도 사소한 일에 무너져 내리고, 그러고도 태연히 이어지던 일상들이 맨살 쓸리듯 끝날 줄 모르던 한 사람이 있었다고 칩시다. 그렇게 어떤 게이가 모처럼 열린 제 마음을 결연히 거두고, 다시금 제 성정체성을 유폐시킬 저 일상의 첨탑으로 향하기 위해 이곳을 떠나가던 무렵, 그 빈자리를 태연히 메꿀, 새로이 상처받을 이들의 고운 얼굴이, 오래 늙은 종로의 골목들 사이사이로 영문도 모른 채 매일 밤 반짝이고 또 반짝이고는 했던 것입니다.

그런 낮도깨비 같은 신세를 면하고자 1990년대 중반부터 몇몇 인권 단체들이 이곳 종로에 터 잡아 오갈 데 없는 게이들을 묶어 주었고, 그보다 오래전부터 지금까지 무지갯빛 깃발이 내걸린 소주방이며 게이바들이 종로에서, 혹은 신당에서, 혹은 을지로에서 제 삶의 근거를 찾는 게이들을 모을 등대가 되어 주었습니다. 공중으로 휘발될 것만 같은 목숨을 땅으로 내리누르려 눈먼 술로 밤을 지새우던 그 순간에도, 이곳 종로는 자기의 동류들과 알몸 이외의 방식으로 아쉽게나마 삶을 나눌 수 있는 터전이 되어 주었던 것입니다. 그런 그들의 노력이 있어 지금의 종로는 게이들에게 다만 이내 사라지기만 할 공간이 아니라, 짐짓 정을 붙여 가며 자기 삶을 비춰 볼 공간으로 얼마간 자리 잡을 수 있었습니다. 주말마다 포차에 모여 끼를 떨고 술을 마시는 적잖은 게이들이 있을 수 있는 것은, 그런 확신 없이는 불가능했을 일입니다.

그럼에도 어떤 게이들은 여기가 끝내 낯선 곳이 되고 맙니다. 게이로서의 내 삶을 저런 동류와의 술자리만으로 온전히 대속할 수 있을까. 포차 거리에 즐비한 턱선 고운 꽃돌이들을 관상하는 것만으로 평생을 살 내 섹슈얼리티를 낙관할 수 있을까. 무엇에 제 인생을 기대 본다고 했을 때 무언가 비어 보이는 듯한 느낌을 사람들은 금방 알아챕니다. 이 정도로 나의 삶을 안심해도 될까. 이 정도로 내가 게이란 걸 안심해도 될까. 그들이 그런 확신을 못 가지는 까닭 중 하나는 다음과 같습니다. 저 낯빛 좋고 몸 좋은 게이들 사이에서, 내가 어떻게 늙어 갈지가 도무지 그려지지 않기 때문입니다.

사람은 언제까지고 젊을 수 없습니다. 우리는 결국 늙어 갈 것입니다. 그간 많은 이들의 노력이 있었음에도, 게이로서 어떤 인생을 살아야 할지는 여전히 그리기가 어렵고, 그러한 현실은 기이하게도 종로가 지닌 젊음과 늙음의 편재偏在와 제법 닮아 있습니다. 필사적으로 젊기 위해 애쓴 사람들 사이로 필사적으로 늙어 버린 종로 거리를 바라볼 때, 우리는 게이로 늙어 갈 저마다의 미래를 생각해 보는 것입니다. 누구나 젊고 싶어 하지만, 이내 새로 때 탈 아이들에 의해 매일 밤 자리를 바꿔치는 '젊음'의 존재 혹은 부재 속에, 우리는 자기에게 주어진 젊음을 너무 과신하다가 대책 없는 늙음을 맞고 있지는 않은가 생각해 보는 것입니다. 인생을 어렴풋이 상상할 때 더 이상은 섹시하지 않아도 될 우리 노년을, 우리는 이제껏 기묘하게 방치해 오지는 않았나 생각해 보는 것입니다.

게이들이 여기에 존재한다고, 이것도 삶이라고, 이것도 사랑일 수 있다고, 우리도 인간일 수 있다고 외친 지 어언 스무 해의 시간이 지났습니다. 하여 우리에겐 그 세월을 버틴 커뮤니티와 그 세월을 지새운 종로라는 '공간'이 주어지게 되었습니다. 그다음 단계에서 우리가 쟁취해야 할 것은 바로, '시간'에 대한 대책이 아닌가 생각해 봅니다. 초년의 게이들 앞에 저렇게 늙어 가고 싶다는 전범이 생기고, 노년의 게이들이 영원히 젊어야 한다는 주박呪縛이 아니고서도 어떻게 구체적으로 삶을 꾸릴 수 있는가에 대한 사회적 축적이, 여기 우리 손으로 길러지고 채워졌으면 하는 바람입니다.

인생은 섹슈얼리티보다 크고, 삶은 사랑보다 유장합니다. 종로의 버짐 핀 골목들 앞에 우리의 늙음이 부끄럽지 않을 수 있도록, 새로 커 가는 기가 막힌 이쁜이 앞에 우리 살아

온 인생이 송두리째 허망해지지 않을 수 있도록. 부디 우리의 삶이 좀 더 오랫동안 의미가 있을 수 있도록, 우리가 좀 더 아름답게 늙어갈 수 있도록. 저와 여러분들이 마침내 시간을 이길 수 있기를 바라봅니다.

이태원

축제와 일상의 간극

이태원梨泰院을 걷습니다. 그 옛날 외지 사람들이 드나들던 역원이 있던 곳, 현대로 들어와 주한미군이 뿌려 놓은 반쪽짜리 미국물이 도리어 문화의 숨구멍 역할을 하던 곳, 각국의 공사관이 즐비한 가운데 해방촌의 빈촌과 한남동의 부촌을 이웃하고 있으며, 경리단길의 정갈함과 해밀톤호텔 앞의 번잡함을 양옆으로 세워 둔, 이름 그대로 태胎가 다른 이들이 오래도록 모여들어 터 잡던 곳입니다.

이곳에서는 한국에서 가장 단장된 게이들을 만나 볼 수 있습니다. 알 만한 사람들은 다 알고 있는, 여성에겐 다섯 배의 요금을 받는 게이클럽들부터, 거리를 거닐며 심심찮게 마주할 수 있는 화장한 남자들, 이성애자들이 주요 고객으로 자리 잡기 시작한 트랜스젠더클럽들이 주말의 이태원을 수놓습니다. 서로 다른 근본을 가진 이들이 모인 자리에, 이들 또한 그들 중 하나의 근본을 자처하며 이곳의 풍경을 완성하고 있습니다.

이태원의 주말은 언제나 뜨겁습니다. 이곳의 대중교통은 늘 신새벽까지 만원을 이룹니다. 마치 평소에 이적진 무언가를 이곳에서는 다 태워 없애고 돌아가겠다는 듯이. 해가 뜨기 직전까지 사람들은 하룻밤어치의 멋과 감각을 필사적으로 소진합니다. 새벽이 밝아도 전날 밤의 열기가 그대로 남은 네온들의 광경은 장엄합니다. 노인 분들과 이웃한 종로가 휘발될 듯한 목숨을 지상으로 내리누르는 묵직함과 닮았다면, 클럽들에 뒤섞인 이태원은 내처 어디로 못갈 인생을 공중으로 솟구쳐 올리려는 호쾌함을 닮았습니다.

조국 근대화와 엄숙주의 사이에서 변변한 축제 문화 하나 벌여 오지 못한 우리네 풍토를 생각했을 때, 늘 어딘가 퇴폐적이라고만 치부되어 온 이태원은 주말마다 열리는 축제의 장으로서, 어떤 해방의 감각을 지니는 공간임이 분명합니다. 쾌락이 인생에 그토록 유해하지는 않으며, 쾌락을 짓쳐 올린

자리엔 그에 값하는 윤리가 쌓이기 마련이고, 그 쾌락의 윤리란 그리 만만한 것이 아니라는 깨달음을 이태원은 몸으로 증거하고 있습니다. 삶에서 이런 날 듯한 쾌락을 하나 끼워 두고 사는 것이 타박받을 일이긴커녕 어떤 '앞섬'의 위치일 수 있음을 확신하는 낯빛들이, 한껏 꾸민 복장들 사이로 구슬처럼 번들거리는 광경을 여기서는 매 주말마다 볼 수 있습니다.

그 속에서 누구에게도 지지 않으려 깃을 세우고 비비크림을 바른 일군의 게이들은, 흡사 공작새의 형상을 연상케도 합니다. 이곳에 내가 왔다는 식의 기갈에 찬 발걸음은, 무슨 자기 과시고 허영이기 이전에 게이로서의 나를 사랑하고 그런 자신을 드러내려는 어떤 의식^{ritual}에 가깝습니다. 자기를 확신하지 못하는 적지 않은 게이들과 비교할 때, 유독 이태원에 들르는 게이들에게선 자기애의 절정에 치달은 모습들이 좀 더 눈에 띕니다. 다른 곳은 몰라도 이곳에서만큼은 완성된 모습이고 싶다는 그들의 강단이 빚어낸 아우라일 것입니다.

그런 그들은 게이클럽이나 게이힐에 가서 자기를 뽐내며 춤을 춥니다. 그곳에서 매혹에 이끌려 실제 매칭으로 이어지는 경우들도 있지만, 그저 시선을 즐기거나 남 눈치 안 보고 춤을 추며 노는 사람들도 많습니다. 클럽을 한 번이라도 가 본 사람은 알 것입니다, 그곳에서 미친 척 남에게 지분거리는 이들은 생각보다 드물다는 것을. 클럽에 대한 선입견과는 달리 몸이 부딪치는 비좁은 공간 속에서 오가는 예의들이 생각보다 탄실하다는 것을. 빼곡한 사람들 속에서 자기 본위로 즐기기 위해서는 그에 걸맞은 윤리가 필요하고, 그것들이 포함된 제대로 된 매혹과 멋들과 그것들을 발산하는 저마다의 의식들이 그로부터 완성됩니다. 이렇게 이태원의 클럽들은 절정으로 치달아 갑니다.

그렇다면 우리의 이태원과 그곳에서 확신에 차 즐기는 게이들에게 별다른 문제는 없어 보입니다. 물론 '그들'에겐 특별히 잘못된 점이 없습니다. 문제는 다른 곳에 있지요. 이태원에서 푸지게 놀고 온 이튿날, 혹은 퀴어퍼레이드나 여타의 행사에서 신나게 무지개 깃발을 흔들고 돌아온 이튿날, 게이들은 이상한 기분에 사로잡힙니다. 이태원에서 느끼지 못했던, 혹은 잠시 잊을 수 있었던 일상의 적대감을 다시금 느껴야 하는 때가 조용히 찾아옵니다. 그것들은 그냥 잠깐의 축제였을 뿐이었다고, 이제는 돌아와 자신을 반쯤 가려야 하는 생활에 또다시 익숙해져야 한다는 목소리와 마주하기도 합니다. 돌이켜 보면 어제 퍼질러 놓은 끼와 기갈들이, 부끄러움을 넘어 대책 없이 무서워지기도 합니다.

이태원을 다녀온 이튿날에 무언가 얼떨떨해지는 이유는, 그곳에서 경험한 축제와 이곳에서 경험하는 일상 사이의 '낙차' 때문입니다. 그 높이를 새로 견뎌야 하기 때문입니다. 자아가 한 번 크게 열리고 난 다음에, 그것이 다시 오므라드는 시간을 버텨야 하기 때문입니다. 그곳이 아닌 여기를 버텨야 하기에, 그곳에서의 기억이 차라리 가짜 같고 맛보아선 안 된다는 느낌도 들게 되는 것입니다. 그런 일시적인 것들에 속으면 안 된다고, 앞으로 버텨야 할 것들이 많다고 생각하면서 또 그 버팀을 위해 이태원에서 치르는 '의식' 같은 놀이들도, 결국은 그것이 이곳에서의 '일상'과 거리가 있기 때문이라는 역설 안에서 가능한 것입니다.

별 근거도 없는 눈먼 염려들과는 다르게, 이태원은 거기에 존재해도 좋고, 게이들 또한 그렇게 놀아도 무방합니다. 문제는 거기에 있는 즐김이 아니라, 그 즐김을 그토록 각별한 것으로 만드는 그들의 '일상'에 있습니다. 삶을 버티기 위한 즐김을 넘어서, 즐김을 버티기 위한 삶들이 여전히 그들에게 적대적인 것이, 게이들에게 이태원을 더욱 절박한 곳으로 여기게 합니다. 특정 장소에서 유독 특정 방식으로 몰입하는 게이들의 놀이 문화에서, 도리어 그들의 노력을 '비일상적'인 것으로 만드는 일상의 현실과 마주하게 되는 것입니다.

다행히도 근자의 이태원에서는 게이들의 놀이 문화가 어떤 일회성이 아닌 방식으로, 지속적인 커뮤니티 안에서 일상과 좀 더 가깝게 호흡하는 움직임으로 차츰 변해 가고 있습니다. 부킹나이트에서 클럽, 번개의 연쇄에서 친목 그룹들로 나아가는 움직임들은, 이태원에서 시작했으되 이태원으로만 머물지 않는 게이들의 '일상'을 창안해 내고 있습니다. 이처럼 우리가 앞으로 해 나가야 할 것은, 주말 이태원에서의 '축제'와 특별히 구분되지 않는 게이의 삶을 보다 튼실하게 만드는 일이 아닐까 생각합니다. 모처럼 크게 부푼 자아들이 이후에도 부끄럽지 않을 수 있도록, 공중으로 솟을 것처럼 신나던 기억들이 그리 유별스런 것이 아닐 수 있도록, 게이들이 마음 놓고 자기 자신을 즐기고 확신할 수 있을 만한 사회적 축적이, 여기 우리 손으로 길러지고 채워졌으면 하는 바람입니다.

즐거움은 생각보다 존엄하고, 일상은 생각보다 강고합니다. 이태원의 화려함 앞에 우리의 일상이 낯설지 않을 수 있도록, 우리의 즐거움이 굳이 게토화된 공간 안에 머물지 않을 수 있도록, 축제의 공간이 좀 더 넓은 일상의 축제 속으로 맞춤하게 자리할 수 있도록, 우리가 보다 아름답게 살아갈 수 있도록. 저와 여러분이 마침내 세상을 이길 수 있기를 바라봅니다.

크루징

도덕과 혐오 범죄

《누가 무지개 깃발을 짓밟는가》
스티븐 V. 스프링클 지음, 황용연 옮김, 알마, 2013.

게이들은 게이타운에만 있지 않습니다. 게이들은 어디에나 존재합니다. 게이들이 굳이 게이타운에 몰려든다는 것은, 곧 거기 바깥의 사회가 그들에게 일정 부분 적대적이라는 것을 가리킵니다. 그곳에서라도 자신과 동류를 확인하고 싶은 마음이 그래서 나오는 것이겠지요.

따라서 어떤 의미에서는 그렇게 정해진 몇몇 게이타운이 아니라, 게이들끼리 쌍쌍이 모이는 모든 곳, 곧 '크루징'을 하는 모든 장소들이, 사회 속 게이들의 위치를 더 극적으로 드러내 주기도 합니다. 아무래도 좀 더 비밀스럽고, 다른 이들의 눈치를 더 보게 되는, 그리고 어느 곳에서나 있을 수 있고, 만남이 끝나면 금세 사라질 어떤 공간들 말이지요.

'크루징'을 위한 장소에서 처음 만나는 게이를 기다리는 일은 늘 스릴과 위험이 뒤범벅된 느낌을 줍니다. 상대에 대한 궁금증과 예정된 실망, 혹여 나눌 수 있을 섹스에 대한 기대, 뭇사람에게 자신을 들키지 않을까 하는 조바심, 그냥 집으로 돌아갈까 싶은 마음까지, 자신의 성정체성으로부터 압축된 온갖 감정들이 온몸을 휘돌아 나오는 경험을 겪습니다.

무서운 것은, 게이들의 그런 처지와 감정을 역이용한 혐오 범죄들이, 게이 인권의 제도화가 한창 진행되던 과거의 미국에서 적지 않게 발생했다는 것입니다. 스티븐 V. 스프링클 교수가 쓴 책 《누가 무지개 깃발을 짓밟는가》에서는 미국에서 혐오 범죄로 살해된, 즉 성소수자라는 이유로 살해된 희생자들의 이야기를 다루고 있습니다. 단지 성소수자가 싫다는 이유만으로 목젖이 잘리고 신장이 노출된 그들의 죽음은, 글로 전해 듣기에도 참혹하고 끔찍스러운 수준입니다.

속설에는 살해당한 사람이 죽음을 맞는 순간에 본 마지막 모습이 눈의 망막에 맺힌다고 한다. (중략) 많이 사랑받고 많이 사랑한 누군가가 라이언 스키퍼처럼 잔인하게 살해당했을 때는 그의 모든 인생이

그가 생전에 만났던 영혼들의 망막에 아픈 기억으로 박히게 된다. 어떤 사람이 살해당했다고 해서 그가 생전에 살았던 것보다 더 좋거나 나쁜 인간이 되지는 않는다. 그러나 그는 잊히지 못하는 존재가 된다. (중략)

저드가 이야기한 식대로라면, 라이언은 대마초 흡연으로 수차례 체포된 적이 있는 동성애자로 "섹스를 위해 남자를 낚으러 다니다가" "엉뚱한 사람들을 태워서 잘못 걸린" 사람이었다. 보안관이 지역 언론에 말한 대로라고 쳐도, 의심의 여지없이 이 살인 사건은 혐오 범죄였고 라이언 스키퍼가 '게이이기 때문에' 저질러진 사건이었다.

_스티븐 V. 스프링클, 《누가 무지개 깃발을 짓밟는가》, 알마, 2013, 284~317쪽.

이 책을 보면, 죽은 성소수자들 중 적지 않은 수는 즉석 만남, 즉 크루징 중에 성소수자로 위장한 가해자들을 만나 살해당했습니다. 따라서 당시 미국에서는 이들의 죽음이 회자될 때 도덕적 낙인이 항상 따라붙었습니다. 익명의 위험한 섹스에 몸을 내맡긴 자체가 이미 죽음을 각오한 게 아니었냐는 것이지요. 그렇게 함부로 몸을 굴리고 다닌 사람은 이른바 '죽을 법했던' 셈이고, 조금 더 노골적으로는, 성소수자면 조용히 살 것이지 공공장소에서 그런 시도를 했다면 그 정도의 일은 각오해야 되는 것 아니었냐는 인식이 공공연히 드러나게 됩니다.

그리고 이 과정에서 가해자의 혐오는 지워집니다. 단지

동성애가 싫다는 것만으로 사람을 죽일 수 있었던 그들의 거대한 혐오는, 피해자에게 어떤 도덕적 허점이 있었단 인식 앞에 뿌옇게 흐려집니다. 모든 동성애자가 도덕적이지는 않을 수 있지만, 모든 부도덕한 사람이 맞아 죽어야 하는 법 또한 당연히 없을 것입니다. 따라서 성소수자 인권 운동가들은, 저 사람들이 죽은 것은 그런 도덕적인 빌미 때문이 아니라, 그들이 바로 '성소수자'였기 때문이라고 주장하기 시작합니다.

매튜가 게이이기 때문에 살해당했다는 생각은 그들에게 심히 불쾌감을 준다. 그들이 생각하기에 성소수자들은 나쁜 사람들이고, 자신들의 '문제'를 강변하는 사람들이다. 성소수자들은 위엄 있는 삶을 살거나 다른 이들에게 존중받을 가치가 없다. (중략) 이들의 생각으로는 '동성애나 하는 이상한 인간'들은 법률의 보호를 받을 가치가 없다. 오히려 그들은 진정한 법률의 보호가 필요한 선량하고 정직하고 도덕적인 시민들의 생활양식을 '동성애 문제'로 위협하는 인간들이다. 정신이 똑바로 박힌 '호모'가 있다면 어쨌든 커밍아웃 따위는 하지 말아야하며, 만약 그런 걸 했다면 당연히 그로 인한 고생은 자업자득이다.
_스티븐 V. 스프링클,《누가 무지개 깃발을 짓밟는가》, 알마, 2013. 63쪽.

이런 말도 안 되는 린치들이 희뿌연 도덕의 이름으로 반쯤 합리화되던 때에서, 그들이 단지 '성소수자'이기 때문에 죽었다는 사실이 인정되는 데까지, 꽤 긴 세월이 걸렸습니다. 그 세월은 곧 성소수자들은 "반쯤 죽어도 되는 사람"이란 인식을 까발리고 부수기 위한 싸움의 과정이었습니다. 그들이 '성소수자'였음을 말하지 않고서는, 희생자들이 제대로 된 '인간' 취급을 받지 못하고 죽었다는 사실을 제대로 환기할 수가 없었던 까닭입니다. 운동 단체에서 '동성애자', 혹은 '성소수자'의 범주를 목숨처럼 보전해 왔던 이유가 바로 여기에 있습니다.

가령 현대의 어떤 성소수자들은 이런 의문을 가질 수 있습니다. 내가 성소수자라는 사실이, 나의 섹슈얼리티가 과연 나의 전부를 설명해 줄 수 있느냐는 반문 말입니다. 그것은 충분히 일리 있고 가치 있는 의문임과 동시에, 역설적으로는 '성소수자'의 섹슈얼리티가 부족하게나마 어느 정도 사회 속으로 안착되었기에 가능한 질문이기도 합니다. 그렇기에 그런 것조차 불가능했던 과거에는 과연 무슨 일이 있었는지도, 한 번쯤은 살펴 둘 필요가 있습니다.

우리가 '성소수자'임을 힘주어 말해 온 배경에는, 불과 수십 년 전, 저렇게 인간으로조차 기억될 수 없었던 사람들의 이야기가 있습니다. 성소수자가 잔혹하게 살해당한 사건 앞에서, 피해자가 '성소수자'인 것이 그리 중요한 범행 동기는 아니라고 할 수 있었던, 그들의 어떤 도덕적인 허점을 빌미로 저런 죽음은 반쯤 각오해야 했던 게 아니냐고 말할 수 있었던, 그런 식으로 성소수자의 죽음에서 아예 '성소수자임'을 지워 버리려고 했던, 뿌리 깊게 구조화한 '동성애혐오'가 자리하고 있었습니다. 그렇게 담론적으로 지워지고 실제로는 짓밟어지던, 성소수자 '이상'의 삶은커녕 성소수자로'조차' 기억될 수 없었던 사람들의 목숨이 있었습니다.

사랑의 조건을 묻다

성소수자라면 늘상 겪는 비방과 모욕이 사람을 멍하게 할 정도로 반복되기도 했다. 사소한 무시와 굴욕을 당해도 그럭저럭 살아 나가려면 참고 견뎌야만 하는 일들도 있었다. 그가 피살되던 바로 그날 밤만 돌아봐도 위험을 시사하는 일들이 몇 가지 있었다. 라이언은 이런 경고 신호들을 두고 "내가 게이라서 이런 일들이 벌어진다"고 넘겨 버렸다. 동성애 혐오란 것이 너무나 진부해서, 마음이 아플 만한 일들도 성소수자들은 그저 당할 만할 일로 치부해 버렸던 것이다.

_스티븐 V. 스프링클, 《누가 무지개 깃발을 짓밟는가》, 알마, 2013, 297쪽.

문제는 이러한 사회적 기류 앞에서 성소수자들 또한 자신을 체념하고, 적대적인 사회에 길들여지고, 마침내는 스스로에 대한 혐오를 내면화하게 된다는 사실입니다. 이 책의 저자는, 책에서 다루고 있는 성소수자의 죽음을 섣불리 "비극"이라 부르지 말기를 권합니다. 그것은 비극이기 이전에 말로채 담아낼 수 없는 "문명에 대한 잔학행위"이며, 그들의 죽음을 그런 식으로 섣불리 멜로드라마화하지 말 것을 저자는 권합니다. 그리고 '비극'은 정작 다른 데 있다고 말하면서, 우리가 어떤 배제의 공기를 숨 쉬고 있는지에 대해, 뭇사람들은 무관심으로, 또 적지 않은 성소수자들은 그것에 오래 직면하기 고통스럽다는 이유로 양쪽 모두에게 쉬이 잊히고 있다는 것이 실은 '비극'이라고 저자는 지적합니다. 그리하여 너무도

극단적인 이런 사례들을 맞닥뜨리고 난 후에야, 성소수자들은 비로소 오래 외면하고 있었던 자기 삶의 조건들을 들여다보게 되고, 따라서 이미 죽어 간 이들 뿐만 아니라 살아 있는 성소수자들이 스스로 처한 삶의 조건들마저 이렇게 두 번 잊히는 일이야말로 진짜 '비극'이 아니냐고, 저자는 힘주어 말합니다.

물론 고통스런 현실을 매번 직시하라는 것은 비인간적인 요구입니다. 그렇게 적당히 잊고 사는 것이 당장의 쾌적한 삶을 위해 필요하다는 것을 넘어, 그런 망각의 연쇄가 어쩌면 우리 삶의 조건이 되어 버린 게 아닌가도 싶습니다. 게이로 살아가는 삶의 조건들은 척박하지만, 그것은 제 마음속에서 몇 번이고 뒤엎어져 이제는 차라리 새삼스러운 것으로 여겨지기도 합니다. 한 번 크게 앓고 난 후 맥이 풀리는 것처럼, 눈물겹던 것들은 이제 숫제 꺼내어 보기도 무엇한 과거의 이야기가 되기도 합니다. 이처럼 이 책이 그리고 있는, 남이 자신을 파괴하는 과정에서 이미 반쯤 무너져 있던 희생자들의 내면은 성소수자들에게 어떤 기시감을 불러일으킵니다. 이 책이 그리고 있는 린치의 풍경만큼이나, 가슴 속에 유사한 폐허를 품고 그것을 추체험하며 울어 봤던 경험이, 성소수자들이라면 한 번쯤 있을 것이기 때문입니다.

어쩌면 바로 그렇기 때문에, 게이들이 모이는 게이타운, 커뮤니티, 운동 단체 등, 그들이 함께 모여서 무언가라도 말할 수 있고 즐길 수 있는 터전이 중요해지는지도 모릅니다. 속으로 한 번 무너져 본 자신의 내면이 다만 입 다문 낙백으로 그치지 않기 위해서, 무어라도 나누고 토해 내는 가운데 시퍼렇게 눅어진 비극을 털고 다시 한 번 앞으로 나갈 힘을 얻을 공간이 그리도 각별해지는 것입니다. 나아가 거기서 느끼게 되는 속이 트일 것 같은 기분들이, 그늘 아래마다 자라나는 크루징 스팟들이 점점이 박힌 저 하늘 아래 모든 땅으로 넓혀지면 어떨까, 상상도 해 보게 되는 것입니다. 눈먼 혐오들이 우리를 섣불리 미워하지 못하도록, 해하지 못하도록 우리 스스로를 지켜 내는 가운데 말입니다.

변화하는 한 사람 안에서 모두가 화해한다. 반대되는 입장의 사람들이 하나가 되어 그 하나의 반반씩이 된다. 나그네가 친구가 된다. 희생자와 공격자가 용서를 통해 함께 살게 된다. 이것이 변화하는 한 사람이 가져다주는 처방이다.
_스티븐 V. 스프링클, 《누가 무지개 깃발을 짓밟는가》, 알마, 2013, 237쪽.

이 책에서와 같은 극단적인 혐오를 몸으로 겪어 보진 않았지만, 이 책을 덮으며 어떤 익숙하고 서늘한 풍경이 떠오른

것을 고백해야겠습니다. 크루징 차 만나기로 한 장소에 하릴없이 혼자 기다리던 그 텅 빈 시간들, 머리맡부터 허공으로 달아오르던 그 청회색 하늘들, 그곳에 이가 고른 잘생긴 아이가 나와 줄지, 아니면 속이 뒤틀린 호모포비아가 흉기를 감추고 나를 맞을지는, 사실 아무도 모르는 일입니다. 우리는 종종 자신이 무거워 우연에 기대고, 우연에 기대어 저 푸르고 검은 하늘에 제 운명을 반쯤 시험해 보는 것입니다.

그리고 용케 액운을 피해 살아 있는 우리들은, 그렇게 눈먼 채 기대곤 했던 청회색 세상을 좀 더 믿을 만한 공간으로 만들 까닭이 있는지도 모르겠습니다. 그리고 차마 알려지지도 못할 사연으로 적지 않게 이 세상을 등졌을 성소수자들도, 아마 그 하늘 아래 말간 눈을 깜박이고 있을지도 모르겠습니다. 그 눈들이 명멸해 가는 길을 따라, 현실에 피폭된 세상 한가운데 수목이 자라고 잎이 열리며 사람이 서서 숨을 쉬어도 좋을 터전이, 그래도 조금씩 열리고 있는지도 모르겠습니다.

종교

기독교도와 동성애자가 서로를 이해하는 방법

성소수자이면서 기독교인이라는 것이 우리에게 당연하지만 많은 사람들이 놀라워한다는 것은, 어쩌면 성소수자인 기독교인은 본인이 성소수자라는 것뿐만 아니라 '성소수자인 기독교인'이라고 밝히는 또 하나의 커밍아웃을 해야 하는 건지도 모르겠습니다.

〈차별없는 세상을 위한 기독인 연대(차세기연) 회원 인터뷰: 첫 만남 그 느낌 레송님〉,《차세기연 웹진 물꼬기 1호》, 2014. 9. 3.

동성애자들은 자신을 밀어내는 기독교를 어떻게 바라보아야 할까?

나는 동성애자 가톨릭교도다. 가톨릭과 개신교를 통틀어 기독교라고 하므로 기독교도라고 해도 좋겠다. 내가 동성애자이면서 기독교도라는 것을 사람들에게 말할 때마다 뜨악한 반응에 부딪친다. 한쪽에서는 신을 믿는다는 사람이 어찌 감히 참람한 짓에 몸을 담그고도 신앙인을 자처하느냐고 닦아

세우고, 한쪽에서는 성소수자를 제대로 사람 취급을 하지 않는다는 교회와 신 안에 머물면서 무슨 비위로 신앙을 논하느냐고 따져 묻는다.

먼저 이 질문부터 답해야겠다. 21세기 개명 천지에 왜 종교를 믿는가? 무신론자들도 얼마든지 인생의 이상을 세우고 뜻을 좇아 살 수 있는 세상이 되었는데 왜 굳이 보수적인 교리에 목매고 종교를 통해 제 삶을 설명받으려 하는가? 그에 대한 내 답은 이러하다. 종교는 인간의 지성이 얼마나 대단하

냐보다, 인간의 지성이 어떠한 한계를 가지고 있는지를 환기하고, 그 가운데 종종 자신을 잊는 사람들의 방황과 허무를 어루만지는 노하우를 기천 년 동안 쌓아 온 조직이다. 몇몇 앞서 나가지 못하는 사회교리들에 갑갑할 때도 많지만, 기본적으로 자신이 잘 손쓰지 못하는, 자신의 내밀하고 영적인 부분들을 위로받는 그 느낌 때문에 사람들은 종교에 몸을 담근다. 이런 느낌은 인간의 지성에 과도한 기대를 거는 근대의 구성물에게서는 좀처럼 얻기 힘든 감각이다. 물론 그런 부분이 반드시 기존 종교를 거쳐서 해소되리라는 법은 없겠으나, 어쨌든 이러한 까닭으로 21세기 개명 천지에 종교가 아직 저리 죽지 않고 펄펄 살아 있는 것일 게다.

그렇다 하더라도 그 종교의 교리가 동성애자를 배척하고 교회의 일원으로 인정하지 않는데, 그 종교의 논리 안에서 동성애자들이 인정투쟁을 벌일 이유가 무엇이며, 그냥 그것을 대체할 동성애자만의 다른 문화적 구성물을 만드는 게 마땅하지 않겠냐고 반문할 수도 있다. 일리 있는 지적이다. 사실 급증하고 있는 동성애자 커뮤니티들은 게이들에게 실질적인 '교회'의 역할을 한다. 게이들에게도 그들만의 진리가 있을 수 있고 올바른 삶이 있을 수 있음을 체감케 한다는 점에서. 그래도 기존의 종교 안에서 굳이 동성애자를 설명받으려

하는 이유는, 앞서 말했듯 영적인 문제를 건드리는 노하우를 동성애자에게도 허여해 달라고 거칠게 묻는 과정과 같다. 그런 의미에서 이는 이성애자가 누리는 것들을 동성애자에게 허용해 달라는 평등권의 싸움에서, 인간의 실존에 가장 근본적인 부분에서까지 그것을 요구하는 과정과 다름 없고, 그래서 중요할 수 있는 것이다.

그러면 전자의 문제로 돌아가 보자. 교회가 그네들의 교리를 통해 성소수자를 밀어내고 있는 현실을 어떻게 이해해야 하는가? 이 문제를 잠시 '평범한' 이성애자 신앙인의 눈으로 접근해 보기로 한다. 가령 그들은 이렇게 물을 수 있을 것이다. 앞의 글에서 잠깐 언급된, 일견 '방종'하고 '무질서'해 보이는 동성애자들의 몇몇 하위문화가, 과연 동성애자들의 일부가 아니라고 단언할 수 있는가? 그것이 과연 '신앙인'의 이름 아래 용인될 수 있는 것인가?

물론 그런 부분이 동성애자의 '전부'라고 할 수는 없고, 또 그 '일부'가 마치 전체인 양 오도되는 것은 매우 문제가 있지만, 동성애자들의 현실 가운데 저런 모습이 어쨌든 '일부' 존재하는 것은 사실이다. 그리고 그것이 이성애자들의 하위 성문화를 지적하지 않는 가운데 언급되는 것이 정당한가를 잠시 접어 두고라도, 어떤 이성애자들에게는 때로 낯선 문화일 수 있다는 것은 어느 정도 납득 가능하다. 하지만 여기서 중요한 것은, 그런 동성애 문화의 '음지적 형태'가 동성애 '자체'의 성격에서 나오는 것이 아니라, 동성애를 둘러싼 '사회적' 맥락에서 배태되었음을 이해하는 것이다. 동성애가 질병이 아니라고 세계보건기구(WHO)에서 발표한 시점이 겨우 1990년이다. 병이 아닌 걸 병이라고 손가락질해 왔으니, 긴 세월 동성애자들은 자연히 음지로 숨어들 수밖에 없었고, 그러는 동안 동성애자들의 '존재 증명'을 넘어 동성애자들 스스로 생각하는 '바른' 삶이 무언지 따위가 논쟁될 여유는 당연히 적었다고밖에 할 수 없다. 상황이 이렇게 된 것은 동성애 자체의 문제가 아니라, 그것을 논쟁 불가능하게 만들었던, 동성애자들의 존립 자체를 위협했던 '사회'의 문제에 가깝다. 따라서 어떤 사람이 보기에 동성애자들의 하위문화에 문제가 있다고 생각된다면, '동성애' 자체의 교정이 아니라 동성애를 둘러싼 '사회적 맥락'을 교정하는 것에서 그 실마리가 찾아져야 옳다.

더불어 어떤 쾌락이 어딘가 문제가 있다고 생각될 경우, 그것을 제어할 가장 좋은 방법은 그 쾌락을 무작정 억누르는 것이 아니라, 그것보다 더 낫고 질 좋은 쾌락의 '대안'을 만들어 주는 것이다. 또한 어떤 쾌락이건 사람은 그것을 겪는 가운데 자신을 보전할 윤리의 기준선을 어느 순간에는 찾게 마련이다. 사람은 쾌락에 빠져 허우적대는 유약한 존재이기 이전에, 그 쾌락을 자기 삶에서 분별 있게 운용할 힘도 동시에 가지고 있는 존재이기 때문이다. 이렇게 특정한 쾌락을 덮어놓고까지 않으면서, 삶 속에서 게이 스스로 분별의 감수성을 키우도록 돕는 일은, 다름 아닌 게이 인권 운동 단체들이 음으로 양으로 지난 20년간 해 왔던 일들과 일맥상통하는 것이다.

사람은 누구나 근본적으로는 바르게 살고 싶어 하고, 자신의 삶이 잘못되지 않도록 애쓰고 싶어 한다. 종교가 부여한 교조 이전에, 자신의 삶을 스스로 돌보고자 하는 순정한 마음은 누구에게나 있고, 여기서 제각기 '바른 삶'에 대한 감각이 나온다. 동성애자이므로 애초에 올바르게 살기 틀렸다가 아니라, 동성애자임에도 올바른 삶이 가능하고, 그것이 어떤 특정한 형태의 윤리로 성취되는 것이 가능하다는 것은, 비교적 최근에서야 제대로 상상되기 시작했다. "여기 동성애자가 있다"는 존재 증명을 넘어, 동성애자의 삶에 어떤 올바른 윤리가 축적될 수 있느냐 하는, 실은 좀 더 근본적인 문제들이 이제야 비로소 논의되기 시작한 것이다. 그러니 고작 20년이 좀 넘는 세월 동안, 병리가 아닌 동성애자의 삶의 윤리가 무엇인가에 대해 논쟁되고 이해될 '절대 시간'은 턱없이 부족했던 것이 사실이다. 동성애자들의 삶의 모델을 만들어 나

가고, 그 안에서 윤리의 층위를 만들어 가는 과정은 동성애자들 스스로도 아직 완전하게 해결하지 못한 문제이고, 이는 앞으로 이 시대가 축적하고 성취해 나가야 할 과제라 할 수 있다.

따라서 현재 교회의 강고한 입장은, 그런 윤리의 구축에 소요되는 절대 시간의 부족으로 인한 '시차' 때문에 생겨나는 문제라고 생각된다. 교회의 역사란, 그렇게 절대 악처럼 여겨 왔던 세상의 어떤 문화적 속성을 보편의 틀 안으로 천천히 품어 오는 과정이었기 때문이다. 동아시아의 가톨릭 교회에서 제사가 전면 허용된 것이 겨우 19세기 후반의 일이었음

을 상기해 볼 필요가 있다. 변화를 재촉하는 사람들과 더디게 확신하는 사람들 가운데, 이 시대의 동성애자와 이성애자 모두, 후대에 유산으로 물려주게 될 어떤 고통스런 축적의 시간을 몸소 겪고 사는 셈인 것이다.

이성애자 신앙인은 동성애자들을 어떻게 바라보아야 할까?

그러나 사람의 인생은 짧고, 축적의 시간은 길다. 사람은 결국 모든 것이 이해될 먼 미래를 사는 것이 아니라, 고통스런 반목이 이어지는 현재를 살고 있다. 이런 제한된 조건 가운데 이성애자와 동성애자는 서로를 어떻게 바라보는 것이 마땅할까. 여기서 이 문제를 모두 떠안는 것은 불가능하겠지만, 둘 사이의 상호 이해를 조금이나마 도울 수 있는 실마리를 아래에서 이야기해 보고 싶다.

신실한 기독교도라면, 기독교의 '원죄' 교리를 알고 있을 것이다. 기독교에서는 사람이면 누구나, 당연히 동·이성애자를 통틀어 '원죄'를 가지고 있다고 가르친다. 기독교에서 '원죄' 교리를 주장하는 까닭은 여러 가지가 있겠지만, 그중 한 가지를 짚어 보자면 다음과 같다. 인간 존재 조건의 부정합이 갖는 모순과 슬픔이, 인간 상호간에 일어나는 정죄의 '분별'보다 훨씬 크고 중요하다는 가르침을 주기 위함이다. 사람 사이에서 '죄'의 차등은 존재하지만, 그것보다 사람이면 누구나 가지고 있는 '원죄'의 깊이가 신이 보시기에 더 크다는 논리이다. 그리고 이는 종교에서 바라보는 섹슈얼리티의 문제와 자연스럽게 연결된다.

동성애자건 이성애자건, 사람의 섹슈얼리티는 누구에게나 당혹스럽다. 자신의 성을 알아 가는 과정은 즐거움으로만 도배된 것이 아니다. 누구나 그걸 알아 가는 과정에서, 일정한 류의 죄의식과 도덕적 혼란에 직면한다. 그런 과정들을 자신의 존재 조건 가운데 어떻게 받아들일까 하는 것에서 '원죄'의 착상이 나온다. 즉 원죄 개념의 핵심은 섹슈얼리티가 그 자체로 '죄'가 되느냐 아니냐의 문제보다, 근본적으로 섹슈얼리티가 사람에게 얼마나 당혹스러운 문제인가를 풀어 가는 데서 시작된다.

가령, "저는 제 부모님의 쾌락 중에 태어났습니다" 같은 명제는 사람에게 가장 외상적인 부분이다. 사람은 자신의 존재와 자신의 성, 그리고 자신을 태어나게 한 부모의 성을 한데 엮어 생각하기 어려워하고, 또한 자기가 어떻게 성을 알아 오게 됐는지도 보통 반추하기 어려워한다. 그러니 어느 시대건, 성을 알아 가는 것은 어떤 숨은 비의처럼 여겨지는 것이 사실이다. 즉 섹슈얼리티의 문제가 '원죄'의 감각을 가질 수

있는 이유는, 그것이 어딘가 잘못되었다기보다 그것이 사람에게 참으로 건사하기 어려운 주제이기 때문이다. 그리고 정확히 이 부분에서, 이성애자와 동성애자 사이의 '차이'보다, 그네들 모두가 공유하고 있는 '인간'으로서의 조건이 훨씬 중요해진다.

이렇듯 섹슈얼리티는, 사람이면 누구나 겪는 존재의 부정합을 그야말로 직접적으로 경험하는 통로다. 그런 모순 위에서 그것을 아우를 좀 더 큰 설명틀, 말하자면 신앙이 기거할 자리가 마련되는 셈이다. 그런데 이성애자들이 신앙의 이름으로 동성애자의 섹슈얼리티를 정죄하는 순간, 그네들은 스스로의 섹슈얼리티를 뒤돌아보는 감각을 잃어버리게 된다.

즉 호모포비아 이성애자 기독교인에게는 이를테면 다음과 같은 질문이 가능한 것이다. "동성애자들을 공격하는 당신들의 섹슈얼리티는 그럼 '완전'한가? 거기엔 한 점 균열도 모순도 없는가?"

당연한 이야기지만, 아무리 신앙의 이름으로 동성애자를 공격해 본들, 그들의 섹슈얼리티는 조금도 '완전'해지지 않는다. 남의 섹슈얼리티를 부정하는 사이에, 정작 자신의 섹슈얼리티를 성찰하는 데 둔감해지게 되는 것이 과연 '신앙인'의 태도로서 바람직한 것인지는 생각해 볼 문제다. 이는 자칫 신앙이 존립할 수 있는 자신의 섹슈얼리티의 기반을, 다름 아닌 '신앙'의 이름으로 소거하고 망각하는 결과를 낳을 수 있다. 그러니 동성애자들을 정죄하고 싶다면, 그 전에 먼저 신앙 안에서 자신의 섹슈얼리티부터 한번 되돌아 볼 것을 권하고 싶다. 과연 자신의 섹슈얼리티에 대해, 신께서 무슨 말씀을 건네고 계신지를 깊은 침묵 속에 묵상할 것을 권하고 싶다.

사람은 누구나 자신의 섹슈얼리티 앞에 수줍은 존재고, 그렇기 때문에 자신의 섹슈얼리티는 물론 타인의 섹슈얼리티에 겸손할 필요가 있다. 이성애자들에 비해 동성애자들이 일견 자신의 섹슈얼리티를 '조금 더' 당혹스러워하는 이들일 수는 있겠지만, 그것 이상으로 우리 모두는 어느 정도 자신의 성이 낯선 '사람'일 수밖에 없다. 그리하여 종교를 믿든 믿지 않든, 사람이라면 누구나 그런 영적 속성을 일정하게 품고 사는 것이며, 또한 그렇기 때문에, 동성애자들의 삶의 윤리가 완전하지 못한 것처럼 이성애자들의 삶의 윤리 또한 마찬가지로 온전하고 흠이 없을 수가 없는 것이다. 바로 여기에서 동성애자와 이성애자가 서로를 '공평히' 이해하고 나눌 수 있는 길이 열린다.

이런저런 장소에서 마주치는 호모포비아 신앙인들을 볼 때마다, 그들이 확신에 찬 어조로 동성애자를 정죄하고, 또 그들 스스로 한 치의 의심 없이 자신을 확신하는 광경을 볼 때마다 이런 생각에 잠긴다. 과연 그들은 자신의 섹슈얼리티를 얼마나 알고 있을까. 과연 그들은 자신의 섹슈얼리티 앞에 얼마나 겸손하고 있는 걸까.

더불어 그런 생각도 든다. 그분들이 그렇게 동성애자들을 혐오하는 이유가, 단순히 동성애자들의 어떤 섹슈얼리티가 싫어서 그런 것이 아니라, 자신이 제대로 직면해 보지 못한 섹슈얼리티를 마치 동성애자들이 '논쟁 가능하도록' 꺼내 놓는 것 같은 바로 그 부분 때문이 아닐까, 싶은 때가 있다. 즉 핵심은 남의 섹슈얼리티가 아니라, 바로 그들 스스로의 섹슈얼리티였던 것은 아닐까, 그분들이 동성애자의 섹슈얼리티에 대해 뭘 잘 알기 때문에 동성애자를 미워하는 것이 아니라, 동성애자는커녕 자신의 섹슈얼리티조차 잘 모르거나 알고 싶지 않기 때문에, 그것을 '감히' 까발려 내놓는 듯한 동성애자들에게 그토록 학을 떼는 게 아닌가 싶기도 하다. 거기까지 생각이 닿게 되면, 그네들의 확신에 찬 표정이 잠시 측은해 보이면서, 마음 한 켠으로 그 분들의 그런 눈먼 확신을 신께서 부디 어여삐 여겨 주시기를 어느새 간절히 소원해 보는 것이다.

성소자^{聖召者}와 성소수자^{性小數者}

성性과 성聖

수도자가 되고 팠던 적이 있었다. 재밌게도 내가 성정체성을 알아 가던 바로 그 시기에. 왜 그랬을까. 그때쯤 경험하기 마련인 제법 방종한 섹스를 훗날에 참회할 법열로 미화하기 위해서? 뭔가 현실로부터 비끄러진 운명 같단 예감을 세상과의 유폐를 통해 아예 합법적으로 추인하고 팠던 욕심 때문에? 대개에게 자연스러웠던 성이 내겐 전혀 자연스럽지 않았던 그 틈 사이로 인간과 인생의 밑바닥에 대한 허무와 관조를 좀 더 일찍 엿보았기 때문에? 이 모든 감당 안 되는 삶의 스크립트를 파천황 하여 아예 다른 세계로 가고 싶었던 까닭으로? 모르겠다. 과거는 엄밀히 말하면 지금의 내 것이 아니므로, 알 수 없는 일이다.

몸으로 마음으로 배워 가던 게이씬의 면면이 괴롭지 않았다면 거짓말이다. 무엇 때문이었을까. 종교가 내게 준 내면화한 억압 때문에? 남들과 같아지고 싶다는 반쪽짜리 보편에 대한 강박 때문에? 그랬을 수도 있다. 그런데 그런 바깥세상의 이야기보다, 그냥 어딘가 이상한 내가 몹시도 거추장스러웠다는 것이 정확하다. 단추가 잘못 채워진 듯한 '나'의 '삶'이라는 것이 도무지 현실감이 없었다. 바깥세상과의 부조리는 먼지처럼 언제나 나와 함께 있던 것이므로, 내가 너무

허깨비 같아 마음의 평안을 잊으면 그제야 그것들은 잠복한 바이러스같이 나를 엄습해 오는 것이었다. 하여 이 모든 문제가 그냥 내가 숨만 좀 크게 안 쉬고 조용히 넘기며 살면 별문제가 없을 것 같기도 했다. 그렇게 나는 나를 자주 콜록거렸다. 이렇게 내가 나 스스로를 어색하게 여긴 데에는, 단순히 동성애자에게 적대적인 사회 환경 이상의 문제가 도사리고 있었다.

가령, 희한하게도 이성애자들의 연애 관습이 내 것 같지 않았던 것처럼 동성애자들의 연애 관습 또한 마찬가지로 그랬다. 미치도록 안 맞는 사람들보다 좀 덜 안 맞는 사람들과 있는 게 좀 더 편했다기보다는, 그들 모두를 포함한 세상 전체와 불화한다는 느낌이 더 크고 절박했다. 그렇다고 아예 '독고다이'로 내 인생 개척하겠다고 '곤조'를 부리기엔 애초에 나에 대한 확신이 부족했다. 당초 나란 존재가 그렇게 온 삶의 무게를 지워도 견뎌 낼 수 있을 만큼 튼튼하기는 한 것일까? '동성애'가 좋은 나 또한, 내 눈에는 삶을 버티기에 그다지 튼튼해 보이지 않았다. 그래서 다른 가치들을 자꾸 찾았다. 맑고 깨끗한 것. 이곳이 아닌 다른 어떤 아름다운 곳. 그렇게 마치 언젠가, 혹은 언제라도 떠날 수 있는 것처럼 세상을 살았다. 거기 한가운데에 수도자라는 알리바이가 있었다.

성소자聖召者와 성소수자性小數者

삶이 정신적으로 견디기 어려워지고 무언가 오아시스라도 찾고 싶었던 서른 문턱에 나는 모 수도회 성소실 문을 두드렸다. 초면에 커밍아웃을 하는 나를 보던 담당 수사님의 진지한 표정이 아직도 기억난다. 그로부터 1년간 그곳에 다니며 성소자聖召者들을 만났다. 도무지 풀리지 않고 적체돼 있던 삶의 문제를 그들에 비추어 해결하고 싶었다. 이다지도 낯선 유목의 존재감이 해갈될 방도를 찾기 위해서. 가령 처음으로 성소자 동료들을 만났던 날은 운동회가 있어 졸지에 나는 초면인 사람들과 목욕탕에 가게 되었는데, 내가 생각할 수 있는 가장 고결한 사람들과 함께 그네들을 어느 곳보다 격렬히 성적대상화할 수 있는 사우나에 들어가게 된 상황 앞에서 아랫입술을 물고 그곳에 함께 들어갔던 기억이 난다. 그만큼 나는 이제까지 살던 방식으로 인생을 살고 싶지 않았던 것이다.

다른 곳은 몰라도 최소한 그들과 있을 땐 행복했다. 무슨 사연으로 그런 거대한 꿈을 가지게 됐는지는 몰라도 그렇게 흰 것들을 바라야 했을 마음의 경험들이 있는 이들인 것만은 분명했다. 그래서, 그랬기 때문에, 내 섹슈얼리티의 문제가 거기서는 그다지 문제가 되지 않으리란 생각을 했던 것 같다. 성에 대한 폐절 앞에서 이성애자와 동성애자가 평등해질 수

있으리라 생각했던 것 같다. 그런 태도가 내 섹슈얼리티를 성찰하는 과정에서가 아니라 그것을 회피하는 식으로 작동할 수 있었다는 것을 그때는 몰랐던 것 같다. 내 모든 신심이 그렇게 방치된 텅 빈 공동空洞 앞에서 무위로 돌아갈 수 있단 것을 그때는 알지 못했다. 난 내 식으로 치열하게 직면한다고 덤볐지만 성소자와 성소수자性小數者 사이, 그 둘 모두의 입지에 대해 결국은 그것이 '겹친다'는 것 이외에 했어야 했을 고민들을 끝내는 미루어 왔던 셈이었다.

지극히 정중한 어투로 입회 거부를 통보하는 담당 신부님의 메일을 받고, 성소실로 찾아가 만약 다음에 이곳에 문을 두드리게 된다면 다른 모습과 다른 마음을 준비하고 오겠다고 인사드렸다. 그분들이 단지 '게이라서'라는 천박한 이유로 그런 결정을 내렸으리라 생각하지는 않는다. 큰 것을 꿈꾸고 실천하는 분들의 영안이란 그리 호락한 것이 아니다. '게이라서'가 아니라, 자신의 섹슈얼리티에 대해 충분히 '직면하지 않은' 점이 문제가 되었으리라 생각해 본다. 그건 그 이후의 내 삶이 증거한다. 나는 한동안 매우 무서운 기분에 사로잡혔는데, 내가 익숙하게 살아왔던 삶의 태도에서 영영 추방당한 느낌을 받았기 때문이다. 내 문제임에도 내 문제로 받아들이지 않고 살았던 삶의 저발전 상태가 송두리째 나를 덮쳐 오는 것이었다. 그때까지 난 내가 게이란 이유로 그렇게 아파했음에도, 내가 게이란 사실에 대해 전혀 진지하게 생각하지 않고 있었던 것이다. 어떻게 그렇게까지 대책 없이 버려 둘 수 있었는지 신기할 지경이었다.

섹슈얼리티에 직면하지 않는다는 것은 말 그대로 섹슈얼리티의 문제였지만, 섹슈얼리티를 대하는 인생의 태도를 포함한다는 점에서 또 그것은 섹슈얼리티의 문제만은 아니었다. 게이란 걸 알고 실천하고 아파도 하면서 게이로 사는 '삶'에 대해 전연 고민을 안 하는 삶이 충일할 수 없으리란 건 너무나 당연한 일이었다. 그 빈틈이 눈 밝은 이들의 눈에 띄지 않았을 리가 없다. 그 일을 치른 후에, 나는 게이로서 사는 삶뿐만 아니라 전반적인 삶의 태도에 있어서도 이전보다는 좀 더 진지해지기 시작했다. 적어도 이전처럼 언제고 사라질 사람처럼 인생을 꾸리는 버릇은 얼마간 면해 보았다는 것이 지금 와서 생각해 보면 참으로 다행스럽다.

If someone is gay and he searches for the Lord and has good will, who am I to judge? We shouldn't marginalize people for this. They must be integrated into society.

_Pope Francis, 2013. 7 .29.

만일 동성애자인 누군가가 선한 의지를 갖고 신을 찾는다면, 내가 과연 무슨 자격으로 그를 판단하겠는가? 우리는 사람들을 경계 짓지 말아야 한다. 그들은 사회 구성원으로 인정받아야 한다.

_프란치스코 교황, 2013. 7. 29.

St. Gay

물론 지금도 외롭고, 현실감이 없고, 버림받은 기분이 들고, 어딘가 어울리지 않는 느낌을 받는다. 그런 느낌은 일거에 전폐되지 않는다. 다만 그런 상태를 정직하게 받아들이고 사는 연습을 하는 것이, 성^{聖}이든 성^{性}이든 성스러운 삶으로 나아가는 한걸음인 것 같다.

　며칠 전에 내가 믿는 교의 교종이 한국을 방문했다. 사람 위에 세워진 성전이 2000년을 이어 온 것을 보며, 예전에 종신 서원을 하게 된다면 꼭 드리고 싶었을 청원을 생각했다. 하늘에 비추어 제 마음을 닦고 사는 이 땅의 게이들을 위해, 언젠가는 게이 가톨릭 신자가 시성, 시복되는 날이 나 죽은 다음에라도 꼭 오기를 기도했다. 마음 길이 하늘을 향한 천릿길이듯, 그 꿈이 적어도 내 눈에는 불가능해 보이지 않았다.

수도자와 동성애를 함께 고민하는 사람들에게
성스런 혐오와 속된 사랑의 중심에서

IDAHOT의 성직자들

서울역 광장에서 열린 2015년 아이다호(Internation Day Against Homophobia & Transphobia: 국제성소수자혐오 반대의날) 행사에 보수 기독교 단체가 몰려들었다. 그들은 행사장 바로 옆 뜰에 천막과 의자를 깔아 놓고 통성기도를 올렸고, LGBT(Lesbian, Gay, Bisexual, Transgender) 단체들은 미리 준비한 "혐오를 중단하라"는 대형 현수막을 전방에 세워 행사 참여자들과 혐오 세력 사이를 가로막았다. 시야가 가로막힌 혐오 세력들은 행사가 진행되자 점점 더 목소리를 키워 "사랑해서 혐오하는 것"이라는 참람한 구호를 외쳐댔다.

그네들의 목소리가 단연 격앙되었던 순간은, 섬돌향린

교회의 임보라 목사와 대한성공회 서울교구 민김종훈(자캐오) 신부가 행사장에 올라 그곳에 모인 성소수자들을 축복하는 기도를 올릴 때였다. 그분들과 같은 신을 모시는, 그러나 같아선 안 될 신들을 따르는 무리들이 목청이 찢어져라 악다구니를 썼고, 단상에 오른 두 성직자는 결기를 애써 감춘 채 "부디 저들을 용서하는 지혜를 우리에게 허락해" 달라는 청원을 신께 올렸다.

그 업화와 같은 광경을 보면서 이런 생각이 들었다. 어쩌면 혐오 세력들에게는, 그렇게 성소수자를 위해 기도하거나, 숫제 몸소 성소수자인 기독교인들의 존재가 가장 외상外傷적인 게 아니겠는가 하는. 그리고 그들의 그런 외상과는 상관

없이, 기독교와 성소수성을 동시에 사랑한 사람들은 여기에 이미 존재한다. 마치 동성을 혐오하거나 동성애를 찬반의 수렁으로 몰아넣는 온갖 노력들에도 불구하고 동성애자가 '지금 여기에 이미' 존재하듯이. 그렇게 이미 존재해 왔던, 그리고 누군가에겐 외상적일 동성애자 기독교도 가운데 나 또한 포함돼 있고, 하여 여기서는 그 가운데서 내가 겪은 이야기를 좀 풀어놓아 볼까 한다.

세속의 성소

동성애자이면서 수도자가 되고 싶은 꿈을 꾼 적이 있고, 그것을 실행에도 옮겨 보았다는 내용의 글을 쓴 적이 있다. 그 글을 쓴 뒤, 게이이면서 교회 안에 깊이 몸담고 있는 몇몇 분에게서 연락을 받았다. 정확히는 자신의 동성애적 지향과 교회의 신앙 사이를 고민하는 몇몇 분들이었다. 그분들의 사연과 전갈을 들을 때마다 기이한 마음에 사로잡혔다. 덮어 둔 것들이 다시 끄집어내져 마음이 마구 부풀었다 꺼지는 일이 반복됐다. 하긴, 사람은 본래 자기가 미처 감당 못할 경험과 삶의 무게를 지니고 산다. 성소든 게이든 무언가 대단히 특별해 보였던 그것들도, 뒤집어 보면 누구나 가지고 사는 고민에서 아주 멀지는 않은 것들이었다. 그럼에도 내가 겪은 기억들이 갖는 응축된 감정의 늪들은 그것대로 내 것이거나, 내 것이 아니기에 늘상 나를 쥐어흔드는 무엇이다.

입회 거부 통보를 받고 나는 '친구사이'에 들어가 내 섹슈얼리티와 관련한 이러저런 활동을 해 보고, 나와 동류인 이들과 교류하며 그들이 삶에서 섹슈얼리티를 어떻게 끼워 넣고 사는지를 곁눈질하며 배웠다. 대학원생의 업이랄 만한 공부도 최소한 이전보단 더 진지해졌고, 금방 이별할 수 있을 것 같던 세상 속으로 이제 제대로 터 잡고 살자는 마음을 먹으니 그 세상 속의 것들이 새로이 미쁘게 보이는 경험도 했다. 어쩌면 그런 변화들이, 이전에 내가 고민했던 성소의 깊이가 그만큼 빈약하고 어떤 도피와 연루돼 있었다는 움직일 수 없는 증거일지도 모르겠다. 실제로 내가 이 고민을 털어놓았던, 내가 게이라는 걸 아는 주위의 많은 지인들이 내 그런 고민을 '지랄'이라 응수했던 기억이 있다. 돌이켜 보면 얼마간 그런 부분이 있었던 것은 분명한 사실이다.

하지만 세월이 지나고 또 일상을 살아가면서, 가끔씩 그 성소실에서의 기억과 그곳 수사님들과의 자리가 사무치게 그리워질 때가 있다. 당시에 내가 쓰던 노트를 이따금 뒤적이다가, 수도자의 삶으로 표현된 내 인생에 대한 목마름이 시퍼렇게 토로되어 있는 글들을 볼 때마다 아주 깊은 동경과 회

한의 기분이 되살아난다. 그러니 내 과거의 성소가 누구의 말처럼 온전히 '지랄'이었던 것은 아니겠고, 나아가 입회 거부를 끝으로 그런 고민과 지향들이 일거에 청산되거나 극복되어 온 것도 아니다. 오히려 그것들은 지금도 여전히 마음속 한 귀퉁이에 오랜 물음으로 남아 있다. 대체 이 강렬한 갈망의 정체는 과연 무엇이었을까.

성스러운 세속

성소란 충일한 '나'로 살아가는 길을 찾는 것이다. 수도자로 살건, 사랑하는 배우자를 섬기며 살건, 중요한 것은 그런 내적인 충만함이고, 또 그렇기 때문에 어느 한쪽이 더 규율 있는 삶이라든지 어느 한쪽이 더 거룩한 삶이라 말할 수 없는 것이다. 내가 당장 편한 길이 아니라, 내가 모르는 나도 그 안에서 마음의 풍요를 느낄 수 있는 길을 찾는 것은 그래서 수도성소를 지닌 이들만이 아닌 누구에게나 필요한 고민이다.

그럼 내 성소는 무엇일까. 나는 내가 머무는 세속 안에서도 그 나름의 거룩함과 속죄가 있다고 생각했다. 어떤 되바라진 풍경을 쉽사리 퇴폐라 읽지 않고 그 속에 살아가는 이들의 마음과 지향을 알고 싶었다. 당장 눈에 성스러워 보이지 않는 모든 것들을 '자기'를 잃은 것이라 치부하고 싶지 않았다. 사람은 자주 분별의 감을 잃고 살지만, 자기 삶에서 깊은 경지의 분별은 끝내 쥐고 사는 이들이 많았다. 세속을 사랑한다는 것은 그런 사람사람들 내면에 있는 분별의 힘을 믿는 것이다. 그렇게 생각하게 된 후로 나는 어떤 유흥가 한복판도 마음의 동요 없이 걸을 수 있게 되었다. 그러니 죄스럽다면 존재가 죄스러울 뿐이지, 세속은 죄스러울 것이 없었다. 성스러움은 그 어떤 복벽에게도 홀로 전유되어서는 안 될 것이었다. 내가 내 영성을 스스로 깎고 해체하고 살면서 스스로 얻은 것이 있다면 그것이었다. 내가 게이인 나를 사랑하고 그로부터 세상을 사랑하기 위해 꼭 쥐어야 했던 바가 그것이었다.

그런 '성소'를 바탕으로, 나는 세속에 살면서 동성애 인권과 섹슈얼리티에 관련된 일련의 움직임들에 동의하거나 그에 동참하기도 했다. 그 과정에서 내가 느낀 바들은, 과거 내가 수도자 공동체에 있었을 때 너무 기쁜 마음이 들다가도, 혹시 들킬지 모를 내 '기이한' 섹슈얼리티만 생각하면 땅끝까지 떨어지던 자존감의 기억들보단 그래도 어쨌든 나아간 것들이었다. 내가 지금 세속에서의 삶에 일말의 확신과 안온함을 느끼는 까닭이 이와 같다.

그러나 그럼에도 앞서 이야기한, 지난 수도성소의 기억에 대한 괴괴한 갈망이 아직도 남은 걸 보면, 무언가 풀리지 않는 숙제가 여전히 내게 남아 있는 것이다. 따지고 보면 정치와 섹슈얼리티야말로 철저히 인간적인 것이고, 성소에 대한 고민은 사실 인간 바깥의 인격체를 놓고 인간과 인생 자체를 객관화하는 데서 나오는 삶의 지향이다 보니, 전자가 풍요하다고 해서 후자가 온전히 충족될 리는 없는 것이다. 신앙에 대해 깊이 묵상한 분들이라면 누구나 직감하는 것이겠지만.

성소와 섹슈얼리티

성소에 대한 고민에 한 번 빠져 본 사람은 그때 보았던 세상을 잊지 못한다. 그런 원의를 한 번 품어 본 사람은, 그 길을 걷든 걷지 않든 그 기억과 지향을 평생 가지고 산다. 나 같은 경우 세속에서 살고 있다가도, 어느 때 보면 내가 수도회에 있었더라면 했을 법한 일들과 결과적으로 비슷한 것들에 끌리고, 그 일을 하고 있어야 안심하게 되는 나를 발견한다.

헌데 문제는 섹슈얼리티 또한 사람의 삶에서 그와 비슷한 구석이 있다는 것이다. 섹슈얼리티의 고민에 한 번 빠져 본 사람은 그를 통해 본 인간의 모습을 잊기 힘들다. 두 주제 모두 사람에게 아주 깊은 감정과 존재에 즉한 에너지를 끌어올리게 만드는 인간의 조건이다. 그런 심연을 두 개나 품고 사는 사람들은 그만큼의 버거움을 감내할 의무도 있지만, 또

한편으로는 그만큼 신께서 그들을 특별히 아끼신다는 증명이 되리라 조심스레 짐작해 본다. 그리고 그런 부분들은, 앞에서 이야기했듯이 특정 사람이나 특별한 정체성에 결부되는 것이 아닌, 인간 일반의 조건이기도 하다.

사람의 한계

끝으로 나와 비슷한 고민에 빠졌던, 수도자와 동성애를 동시에 고민해 보았던 이들이 있다면 다음의 말을 전하고 싶다.

섹슈얼리티는 인간의 심연이기도 하지만 그로 인한 교만도 아주 쉽게 부추겨질 수 있는 주제다. 중·고등학교 때 '첫경험 유무' 등으로 우열을 가리던 것처럼 성경험의 유무 또한 그런 식으로 사람의 마음에 상처 입히기 쉽고, 내면에서 나오는 것이 아닌 그런 부추김이 자신의 성경험을 왜곡시키기도 한다. 그러나 어느 누구의 '겪어 본' 말에 쉽게 휘둘리지 말고 자기가 느끼는 감각과 지향에 좀 더 집중하기를 권한다. 자기 섹슈얼리티를 '안다'고 생각하는 것이야말로 교만이다. 사람이 어떤 것에 대해 가장 모를 때는, 그것에 대해 하나도 몰랐을 때가 아니라 그것에 대해 어설프게 한 번 훑고 난 이후다. 그러므로 한 번 겪은 사람이 안 겪은 사람보다 무얼 많이 알거라고 생각하는 것은 극도의 휴머니즘적인 미신이다. 그러니 그런 '경험 자랑'의 교만에 각자의 내면이 혹여 상처 입지 않기를 간절히 바란다. 더불어 만에 하나 이 책의 글에서 그런 교만 섞인 느낌을 조금이라도 느끼셨다면, 그 점 진심으로 사과드린다.

나아가 성직에 있든 세속에 있든, 사람은 자기 섹슈얼리티에 직면하는 과제를 결코 피할 수 없고, 그것을 투명하게 알아 가는 것은 인생 앞의 숙명일지도 모른다. 헌데 그것을 너무 도피하려 해도 문제겠지만, 그걸 너무 억지로 알아 가려고 하지도 않았으면 좋겠다. 사람은 결코 인생의 신비를 일거에 알 수 없다. 자기 섹슈얼리티를 어느 한순간 단박에 알아야겠다는 것도 인간적인 교만이고, 그걸 알아 가는 것이 '평생에 걸친' 과정이라는 것을 간과한 생각이다. 그러니 도피하지 말되, 자신을 재촉하지도 않았으면 좋겠다. 돌이켜 보면 이 대목은 개인적으로 가장 후회되는 부분이다. 나는 과거에 섹슈얼리티에 대한 어떤 윤리를 얻는 것을 마치 무슨 라이센스를 따는 것 같은 단절과 도약의 업으로 생각했고, 그 결과 입지 않아도 되었을 상처와 악연을 많이 만들었다.

그리고 그러한 경험과 그로 인한 내 인생이 어떻든지, 나는 나의 말이 당신에게 아무런 도움이 되지 못할 지도 모른다는 것을 예감한다.

나는 당신의 삶을 모르고, 내 말은 당신에게 털끝 하나의 변화도 마련하지 못한다. 그러니 모든 것은 당신의 몫이다. 그리고 당신이 어디에 있든, 우리는 결국 한자리에서 만나게 될 것이다. 우리가 지금보다 온전히 존재할 수 있는 자리에서, 지금보다 기쁘게 서로를 마주볼 수 있는 날이 올 것이다. 그러니 서로 못다 한 이야기는 그때 가서 나누기로 하고, 그때까지, 부디 무운을 빈다.

＊이 자리를 빌려 L 수사님께 각별히 감사드린다.

예수님께서 성령의 인도를 받으시어 광야에 나가셨다. 베드로가 여쭈었다.

"힘들지 않으십니까?"

예수님께서 답하셨다.

"힘들다."

베드로가 거듭 여쭈었다.

"혹여 곁에 머무는 제가 귀찮진 않으십니까?"

예수님께서 돌아보시고 말씀하셨다.

"너는 네가 힘들 때 혹 내가 귀찮진 않더냐?"

베드로는 미움이 들어 예수님의 발치에 엎드려 통곡하였다. 예수님께서 물으셨다.

"유혹에 너를 내맡겨보니 어떠하더냐?"

베드로가 대답하였다.

"욕망은 미로와도 같아, 저는 주님의 손을 놓치고 그 미로의 모퉁이를 굽이굽이 돌며 상처를 입고 돌아왔습니다."

예수님께서 물으셨다.

"유혹에 빠질 때 나를 생각하였느냐?"

베드로가 대답하였다.

"주님을 생각하지 못했습니다. 욕망과 결판을 보겠단 생각으로 욕망과 함께 몸을 뒹굴었을 따름입니다."

예수님께서 말씀하셨다.

"네가 유혹에 넘어가던 때에 나 또한 그 자리에 있었다."

베드로가 반문하였다.

"제가 주님 곁을 떠나 홀로 미로를 떠돌던 때에 주님께서도 그 자리에 남아 홀로 계셨던 것입니까?"

예수님께서 답하셨다.

"내 곁에서 멀어지지 마라. 이 광야와 이 유혹이 나 또한 힘이 드니, 욕망 속에서 홀로 힘들어하지 말고 나와 함께 힘들어하여라."

_2011년 9월 13일, 모 수도회 피정 중에 쓴 글.

한국 사회

최초의 야간 퀴어퍼레이드

어떤 행렬의 기록

밤새 단장된 트럭들이 신촌으로 향했습니다.

토요일 낮 창천교회 앞에 무대와 좌석이 차려졌습니다. 보수
기독교 단체의 전략이었지요. 여러분들이 버티면 저들의 행렬
을 막을 수 있다는 소리가 텅 빈 무대 위로 쩌렁거렸습니다.
연세대 앞을 지나도록 되어 있던 퀴어퍼레이드의 맥을 끊기
위함이었습니다.

2014년 퀴어퍼레이드

퀴어문화축제 준비위원회의 장소 예약을 2주일 전에 취소하고, 저들의 점거를 이틀 전에 허용했던 서대문구청은, 행사와 관계없이 연세로 차량통행 제한이 시작되는 2시 바로 직전까지 시내버스 운행을 허용했습니다. 2시 정각에 모든 부스들이 도깨비 시장처럼 일제히 펴졌고, 기둥을 들고 연거푸 뛰어 각 단위의 부스들이 자리를 잡았습니다.

오랜 불황으로 게이바다운 게이바가 사멸해 버린 신촌에 무지갯빛 기운이 흘렀습니다. 장내는 발 디딜 틈 없이 복작했습니다. 앞선 문화에 밝은 외국인들과 내국인들이 만면에 미소를 머금었습니다. 게이들의 유년기를 다룬 아이다호데이 사진전에 뭇사람들의 발길이 오래 머물렀고, 부스에서 준비한 물품들이 날개 돋친 듯 팔려 나갔습니다.

공연팀들은 신촌교차로에서 춤을 추었습니다. 그곳에

사랑보다 강한 혐오를 입고 "동성애는 끊어 버려야 할 죄악" 이라 쓴 팻말과 그를 꼭 닮은 중년이 서 있었습니다. 이해받 아 마땅할 세상의 일부를 끊어 내 버린 그의 얼굴에 확신과 조소가 번들거렸습니다. 그 앞에서 공연팀들은 끝까지 쾌활 함을 잃지 않았습니다.

퍼레이드가 시작됐습니다. 창천교회 앞은 여전히 텅 빈 무대로 막혀 있었습니다. 준비위원회 측은 행렬을 T월드 골 목 쪽으로 틀었습니다. 아웃백이 있는 골목을 지나 신촌기차 역으로 빠지려는 심산이었지요. 그리고 아웃백 매장 앞은 이 미 복음주의 강골들이 연좌농성을 틀어 놓았고, 양옆을 두른 의경들은 두 손을 모은 채 시립해 있었습니다. 각 단위에서 공들여 꾸민 퀴어 트럭들은 바로 그 앞에서 멈추었습니다.

신촌로는 순식간에 앞뒤가 막힌 공터로 변했습니다. 나 아갈 관성을 잃은 행렬은 선 채로 자리를 버티었습니다. 혐오 를 철갑처럼 두른 이들과 그들을 철갑처럼 두른 경찰들이, 예 정된 연극처럼 길을 내놓지 않고 있었습니다. 경찰은 8차에 걸친 구인 방송 동안 청동 입상같이 제자리를 지켰습니다. 그 광경을 바라보는 시민들이 길을 트라고 종용했고, 악의에 찬 신도들은 딱 제 몸뚱이만 한 신앙의 거처에 누워 꿈쩍할 줄

2014년 퀴어퍼레이드

을 몰랐습니다.

존재를 티 내지 말라는, 숨 쉬는 걸 들키지 말라는, 인간의 사랑보다 신의 혐오가 더 입맛에 맞는 이들의 텅 빈 유언流言이, 악다구니 같은 거리 위로 사무쳤습니다. 숨죽여 살 수 없어 거리로 나온 각 단위의 사람들은 음악을 끄고 구호를 연호하기 시작했습니다. 사랑은, 혐오보다 강해야 마땅했습니다. 구호 끝에 몇몇 결기 섞인 음성이 감겼습니다. 혐오는 대오가 걸어야 할 바로 저기 눈앞에 누워 있었습니다. 그 상태로 꼬박 네 시간이 흘렀습니다.

2014년 퀴어퍼레이드

땅거미가 지고, 앞이 막힌 차도 옆으로 유흥가의 밤이 밝았습니다. 존재를 온전히 가납받기 위한 노력은 나귀처럼 초라했고, 그 초라함을 걸터앉고 예루살렘에 입성하려는 무지갯빛 예수들 위로, 올리브 가지 같은 네온사인들이 흐드러지게 깜박거렸습니다.

그때 선택받은 민족들과 지리한 협상을 끌던 조직위원회 측에서 묘안을 내놓았습니다. 연세로 앞의 무대가 철수한 틈을 타, 원래 동선대로 퍼레이드를 진행한다는 계획이었습니다. 모아이같이 누운 선민들을 등지고 트럭들은 조용히 그곳을 빠져나왔습니다. 대한민국 역사상 최초, 야간 퀴어퍼레이드의 시작이었습니다.

경의선 굴다리를 지나는 순간 트럭들은 그동안 참았던 음악을 목 놓아 틀었습니다. 스피커가 찢어질 듯한 해방의 음압이 가로수 사이를 번득였습니다. 대오는 앞으로 앞으로 나아갔습니다. 트럭 위의 춤꾼들이 젖 먹던 흥을 공중으로 쏟아 냈습니다. 우린 여기에 존재한다고, 여기 우리들이 여러분들을 축복한다고. 평소 숨죽여 두었던 자아들이 저마다 봇물처럼 부풀어 터져 오르는 순간들이었습니다.

네 시간을 깔딱이다 비로소 튼 인 행렬의 힘은 장엄했습

2014년 퀴어퍼레이드

니다. 빠른 걸음으로 닫는 행렬들 위로, 밤거리의 빛들이 축전처럼 젖은 얼굴에 어른거렸습니다. 트럭은 빠르게 모퉁이를 돌았습니다. 제자리이되 이전과는 다른 연세로에 진입하는 홍조 띤 얼굴들이, 가슴이 터진 것 같은 심호흡을 서로 나누었습니다. 휠체어를 타고 끝까지 침묵으로 대오를 완주하던 한 여성분이, 그 광경을 뒤로 한 채 잠시 의식을 잃었습니다. 그렇게, 2014년의 퀴어퍼레이드가 끝이 났습니다.

최초의 광통교 동성 결혼식
당연한 결혼에서 다양한 가족으로

2013년 9월 7일, 동성 결혼식

김조광수·김승환의 동성 결혼을 준비하는 파티에 몇몇 비혼
주의자분들이 축하를 했습니다. 일부일처제의 흔적처럼 남은
제도적 결혼에 시큰둥했던 여성운동가들도 객석에서 박수를
보냈지요. 조끼를 입은 민주노총 금속노조원들도 멀리서 자
리를 함께했습니다. 한 쌍의 결혼에 어찌 이리 화려한 인원들
이 모이게 되었던 것일까요.

　　이웃한 대한문과 서울시청 광장의 인파와 더불어 결혼식
당일 광통교는 사람들로 가득 찼습니다. 어떤 이성애자의 이
성애자 모친께서는 그 광경이 '남사스럽다'고 하셨답니다. 결
혼을 무슨 저리 으리으리하게 갖추어 하느냐는 뜻이었다지요.
이 기이하고 아름다운 결혼식을 바라보며 저도 그런 질문이

들었습니다. 이 결혼식이, 왜 이토록 힘준 모습이어야 했을까.

마음을 둘 인적 네트워크 안에서 숨 쉬고, 그 속에서 짐짓 좋아하는 사람을 만나 사랑을 나누고, 그런 그와 여생을 함께하기로 서약하는 이 모든 사소한 일들이, 동성애자들에게 왜 그토록 희귀한 것이어야 했느냐는 스산함의 토양 위에, 그날 결혼식의 힘준 아름다움이 자리해 있었습니다. 그 행사가 딛고 있던 토양은, 당장에 전경의 방패로 깨지는 사회적 약자의 아우성에 못지않게 질기고 은밀하고 강력한 배제의 현실이었습니다.

사진 제공: 김조광수 · 김승환

백기완 선생이 결혼식 연단에 올라 흰 머리를 흩뿌리며 말했습니다. 이 자리는 수천 년간 이어 내려온 눈먼 관습을 바로 이곳에서 박살 내기 위한 자리라고. 보라색 풍선으로 뒤덮인 광통교는 마치 꿈결 같았습니다. 그리고 게이코러스 지_보이스가 무대에 섰을 때, 현실 속으로 썩어지고 문드러진 인분이 단원들의 등을 내리덮었습니다. 포털 사이트 실시간 검색 1위의 결혼 기사에는, 동성애는 인정해도 동성 결혼은 인정 못한다는 악플이 쇄도했지요. 그 위로 "우리의 결혼은 오늘부로 사회적으로 공인되었다"고 외치는 김조광수 감독의 목소리가 청계천변을 낭랑하게 울렸습니다.

결혼과 가족구성권

작년 한 해를 떠들썩하게 했던 광통교의 동성 결혼식은 보는 이들에게 다소 갑작스러울 수 있습니다. 하지만 동성애자에게도 결혼과 가족이 필요하다는 주장은 비교적 오래전부터 준비되고 있었습니다. 동성애자의 '가족구성권'에 관한 논의가 바로 그것입니다.

2004년 6월, 제5회 퀴어문화축제 토론회에서 "한국에서 동성 결혼은 가능한가?"라는 주제로 일찍이 이에 대한 관심이 모아졌고, 2005년 국가인권위원회 연구용역 보고서를 통해 동성애자 가족구성권에 대한 내용이 정리되기 시작합니다. 2006년 당시 민주노동당의 제안으로 여러 인권·연구단체들에 의해 '가족구성권 연구모임'이 꾸려지게 되면서 이 문제에 대한 본격적인 연구가 진행됩니다. 이 모임은 2010년 총 6차에 걸친 가족정책포럼을 열어 성소수자의 가족구성권 보장을 위한 법 정책과 사회 변화를 고민했고, 성소수자 커플에게 유언장을 작성토록 하여 사후 파트너를 향한 재산상속 등을 법적으로 인정받을 수 있게 한 '찬란한 유언장' 행사를 주최했습니다. 나아가 2013년에는 이러한 이슈들을 좀 더 대중적

사진 제공 : 김조광수 · 김승환

으로 파급시키기 위한 '성소수자 가족구성원 보장을 위한 네트워크'가 새로이 발족하여 오늘에 이르고 있습니다.

한국게이인권운동단체 '친구사이'는 이러한 '가족구성권' 연구의 흐름에 일찍부터 동참하였습니다. 2006년 9월 '친구사이'는 '동성애자의 가족구성권 토론회'를 열어 사계의 의견을 모았는데, 이날 토론회의 사회를 맡은 분이 바로 2013년 동성 결혼식의 주인공이었던 김조광수 감독입니다. 이렇듯, 작년의 동성 결혼식은 어느 날 갑자기 툭 튀어나온 것이 아니라 이렇게 장기간에 걸친 '가족구성권' 논의의 흐름 가운데 대두된 것이었습니다.

그렇다면 왜 '결혼'이 아니라 '가족구성권'이었을까. '가족구성권'이란 말은 '결혼'에 비해 생소하고 직관적이지 않은 말입니다만, 굳이 그 말을 쓰는 이유를 생각해 보는 것은 중요합니다. '결혼' 대신 '가족구성권'을 사용하는 이유는 다음과 같습니다. 동성애자들 모두가 결혼을 원하는 것도 아니고, 나아가 '결혼'이 마치 동성애자들 모두에게 바람직한 관계로 권장되는 것이 부적절할 수 있기 때문입니다. 가령 세상의 많은 가족들 중에 반드시 '결혼'을 매개로 맺어지지 않는 가족들도 많습니다. 헌데 비혼주의자들의 공동체 등 결혼으로 맺어지지 않은 가족의 형태는 '결혼'이 아니므로 쉽게 비정상적인 것으로 치부되는 것이 현실입니다. 결혼을 포함해 성소수자의 가족 형태를 폭넓게 고민하는 입장에서, '결혼'을 둘러싼 이러한 차별에 동조하는 것은 결코 바람직하지 않았을 것입니다.

작년의 동성 결혼식에 비혼주의자가 와서 축하할 수 있었던 까닭도 여기에 있습니다. 그날의 결혼식은 이성애자에게 법적·사회적으로 허락된 결혼을 동성애자에게도 허가해 달라는 외침이었지, 모든 동성애자들이 이렇게 '결혼'해서 사는 것이 마땅하다는 것을 외치려는 자리는 아니었기 때문입니다. 즉 그날의 핵심은 동성애자에게 허용될 '결혼'의 평등권에 있었지, 사회 속에서 이미 존재하는 '결혼'에 따른 배제에 있지 않았습니다. 동성애자가 가족을 만들기 위해 꼭 '결혼'을 해야 한다는 의미가 아니라, 결혼을 '포함하여' 동성애자 스스로가 '가족'을 '구성'할 권리를 사회에 당당히 요구하기 위한 자리였습니다.

여기서 동성 결혼 및 가족구성권 논의가 처한 긴장이 드러납니다. 어떤 이에겐 결혼이 너무나 간절한 것이겠지만, 어떤 이에겐 결혼 제도라는 것이 너무도 지긋지긋하고 벗어나고 싶은 것일 수도 있습니다. 예를 들면 비혼모 가족의 경우가 그렇지요. 결혼한 사람의 경우에도, 결혼 안에서 행복한 사람과 그렇지 못한 사람의 스펙트럼은 아주 넓습니다. 이렇게 어떤 이는 앙망하지만 어떤 이는 걷어치우길 원하는 가족 관계를 한 입으로 이야기하기란 쉬운 것이 아닙니다.

나아가 '가족'도 그렇습니다. 어떤 이에겐 '가족'이 더없이 포근한 품이겠지만, 어떤 이에겐 욕설과 폭력이 난무하는 지옥일 수도 있습니다. 이렇듯 개개인이 경험하는 결혼과 가족의 실체는 서로 매우 다르고, 그렇기 때문에 사람들은 쉽게 자신이 경험한 가족 관계를 가족 일반의 표준으로 생각하게 됩니다. "쟤네들 부부/가족은 비정상적이어서 그래" 같은 말이 그것이지요. 그리고 이는 가족의 문제로 고통을 겪고 있는 사회 구성원에게 실질적인 억압으로 작용합니다.

이에 관해, '보살핌과 포근함, 유대' 등이 가족의 '정상적'이고 '자연스러운' 속성으로 여겨져 온 전통적인 견해와 달리, 흔히 가족의 '비정상적인' 모습이라 생각되어 온 '폭력, 차별, 모욕, 강요된 침묵과 지배' 같은 요소들 또한 슬프게도 가족의 '자연스러운' 속성에 속한다고 주장하는 페미니즘의 이야기에 귀 기울여 볼 필요가 있습니다. 속칭 "가족 같은 분위기"가 어느 맥락에서 어떤 속뜻으로 쓰이는지 생각해 보면 금방 알 수 있죠. 여기까지 이해하고 보면, 성소수자의 평등한 가족구성권을 이야기하면서도 '결혼'과 '가족'이란 말을 자꾸 유보적으로 사용하는 아래 발언들의 까닭을 좀 더 깊이 음미해 보게 됩니다.

"저희가 평소에 어떤 이야기를 하냐면, 동성 결혼이 합법화되면 그때 결혼하고, 그 이후에는 결혼 폐지 운동을 하자고 해요."_기이(레즈비언 파트너십 중)

"가족이란 말 말고 다른 말이 있었으면 좋겠는데, 그런 단어가 없는 게 아쉬워요. 가족에 비교하자면 가족보다 더 한 게 비비(전주 비혼여성공동체)인데. (중략) 저에게는 가족보다는 훨씬 더 큰 개념으로 있는 것 같아요."_마을(비혼공동체원)

_언니네트워크+가족구성권연구모임,《비정상가족들의 비범한 미래기획》, 2012. 5., 88, 183쪽.

정리하면, 그간 벌여 온 동성 결혼과 가족구성권의 논의는, 기존의 가족 제도와 그에 따른 사회보장을 성소수자에게도 평등하게 제공해야 한다고 주장하면서도, 기존의 가족 제도가 가지고 있던 여러 가지 형태의 억압을 비판하는 것이 동시에 가능할 수 있도록 다듬어져 왔습니다. 이러한 맥락 속에서 동성애자들의 '다양한' 가족구성권을 외치는 노력이 계속되었고, 이 가운데 동성 결혼에 대한 이슈도 균형 잡힌 채로 던져질 수 있었던 것입니다.

'정상적인' 결혼과 '이상한' 결혼

헌데 여기까지 오고 보면, "모르겠어요, 죄송합니다, 거기까지 챙기고 살긴 힘들어요"라는 소리가 목까지 차오르기도 합니다. 나는 이성애자인데 왜 성소수자들 이야기까지 알아야 되는지 모르겠고, 나는 게이인데 왜 비혼 여성이나 레즈비언의 경우까지 신경 써야 되나 싶을 수도 있습니다. 그냥 결혼이든 가족이든 내 방식대로 제도 안에서 허용받으며 살고 싶고, 다른 케이스까지는 신경 쓰기 싫다는 생각이 들 수도 있습니다. 사람들은 교양 있고 계몽적인 방법으로 타자의 삶의 양식도 자기 것처럼 포용해야 한다고 생각하지만, 동시에 그런 '끝도 없는' 노력이 무슨 소용이겠느냐고, 그런 신경일랑 끊어 버리고 내가 믿는 것, 내가 경험한 것이 세상의 전부인 양 알고 살자고 생각하기도 합니다.

타자를 관용해야 한다는 소리가 그야말로 뻔한 소리 같아서 더 이상 '섹시'하지 않고, 그런 노력이 차라리 너무 금욕적이거나 무력한 것 같아서 그냥 확신범으로 인생을 살고 싶은 마음도 듭니다. 내가 생각하는 이게 '정상'이고, 두말할 것 없이 내 기준에서 비끄러진 이들은 '비정상'이라고, 누가 뭐래도 나는 그냥 그렇게 살 거라고 생각하는 사람들도 적지 않습니다. 더구나 가족이나 결혼처럼, 자신에게 내밀한 부분에

©《한겨레 21》 김명진

대해서라면 더욱 그렇겠지요.

이렇게 굳건하고 힘이 센 '정상성'이 갖는 권력에 몸을 담그게 되면, 비혼보다는 결혼, 공동체보단 혈연 가족, 나아가 게이보다는 탈반(이성애자화), 이런 식으로 연결되는 것이 은연중에 자연스럽게 여겨질 수 있습니다. 혹은 거기까지 안 가더라도, 이른바 '결혼을 한 게이'이므로 이성애자까지는 안 돼도(!) 다른 LGBT들보다는 좀 더 '정상적'인 사람으로 자신을 정체화할 수도 있겠습니다. 게이들이야말로 이성애자들 사이에서는 '타자'적인 위치지만, LGBT 커뮤니티 안에서는 짐짓 '보편'적인 이들로 여겨질 수 있는 사람들이지요.

작년 김조광수·김승환 부부의 결혼 과정에는 이렇게 '정상성'으로 달려가고 싶은 대중 일부의 욕망을 정면으로 저격하는 이벤트가 있었습니다. 바로 두 부부가 흰색 웨딩드레스를 입고 사진 촬영을 했던 장면이었지요. 남자끼리 결혼하는 것도 모자라서 부부가 함께 여장을 하고 촬영한 이 사진은, 결혼 과정을 통틀어 가장 악플이 많이 달렸던 순간으로 기억됩니다. 이성애자들을 비롯하여, 스스로 남자답고자, 정상적이고자 하는 적지 않은 동성애자들에게까지요. '결혼'이 암시할 수 있는 '정상성'의 억압에 대해, 작년의 결혼식은 이러한 장치를 통해 그 억압을 어느 정도 우회하고자 했던 것입니다.

평등과 배제 사이의 외줄타기

사실 누가 봐도 '정상 가족'일 것만 같은 이성애자 부부/커플들도, 사실은 그들의 관계를 유지하기 위해서 일견 보편적인 표피 아래 끊임없이 보편을 비트는 새로운 관계, 혹은 재미들을 창안해 내야 합니다. 이른바 평범한 것이 가장 성취하기 어렵다는 격언은 이런 맥락에서 새겨 볼 필요가 있습니다. 왜냐하면 그 관계 안에서 사회가 요구하는 '정상'의 기준 이외에, 스스로 이름 붙인 '정상성'과 '비정상성'이 서로 긴장을 이룰 때, 비로소 그 평범해 보이는 관계도 탄력 있게 유지될 수 있기 때문입니다. 실제로 이성애자 부부/커플들의 삶은 그런 자잘한 관계 기술들에 의해 굴러갑니다. 이렇게 사람들은 누구나 자신들이 정의한, 그리고 사회가 정한 '정상성'과 '비정상성', '보편'과 '타자'를 함께 경험하고 삽니다. 그리고 이는 동성애자의 경우도 마찬가지입니다.

온전히 보편적인 사람이 없듯이, 온전히 타자적인 사람도 없습니다. 자신이 온전히 보편적인 사람이 아니기 때문에, 타자를 이해한다는 것은 뭔가 끝 간 데 없이 기이한 사례를 파내어 끝도 없을 것 같은 공감의 길을 금욕적으로 걷는 것이 아니라, 내가 지금 살고 있는 삶의 조건에 '이미' 묻어 있는 타자로서의 경험을 깨닫고, 그를 통해 자기보다 소외된 이들의 입장을 더듬어 보는 것입니다. 가령 이성애자들도 그들의 삶 속에서 고정된 성역할로 인한 피해를 보고 있고, 이런 경험은 동성애자들에 대한 이해의 통로로 연결될 수 있는 것입니다.

　결혼해서 살고 있는 이성애자/동성애자 부부들도 사실은 그들의 삶 속에서 '비혼', 혹은 '영속적이지 않은 혼인 관계'에 얽힌 타자성을 일부 경험하고 삽니다. 가령 김조광수·김승환 부부가 관계에 문제가 없음에도 사석에서 농으로 "제1호 동성 결혼에 이어 제1호 동성 이혼에 도전하겠다"고 말할

사진 제공: 김조광수·김승환

때, 결혼은 동성애자가 반드시 도달해야 하는 영속적 관계의 옥좌에서 내려와 성소수자들이 마땅히 누려야 하는 가족구성의 권리 '사이에' 놓이게 됩니다. 이렇게 어떤 결혼은 비혼에 대한 관심을 아예 끊어 놓기도 하지만, 어떤 결혼은 비혼의 사회적 입지를 다시 생각하게도 합니다.

이상과 같은 점이, 동성애자의 '결혼하고 싶다'는 욕망이 사회적으로 그토록 중요할 수 있었던 이유이자, 작년의 동성 결혼식이 성소수자와 사회에 수다한 질문을 던질 수 있었던 이유입니다. 사회 안에서 배제적인 동성애자가 사회 안에서 무엇보다 주류적인 결혼이란 제도를 탐냈을 때, 배제적인 위치에 있었던 사람들이 획득하게 될 '평등한' 결혼과 동시에 주류적인 제도에 편입되었을 때 또 다른 배제를 불러일으킬 위험 한가운데를 가로질렀던 것이 작년의 결혼식이었습니다. 마치 가족구성권 논의가 처음 나왔을 때, "균형 잡기 힘든 외줄타기"를 하는 것 같다던 그 술회 그대로 말이지요.

보편적인 '우리'가 발견되기까지

"동성애자가 말하는 가족의 기능은 별반 다르지 않습니다. 사람 사는 이야기가 다 그렇습니다."

_이종걸, 〈인사의 말〉, 친구사이, 《동성애자의 가족구성권 토론회 자료집》, 2006. 9. 23., 5쪽.

"우리들이 바라고, 꿈꾸는 결혼 문화는 무엇인가? 결혼을 하지 않는 문화는 또 무엇인가? 어떤 삶에 대한 희망인가."

_한채윤, 〈토론문: 성소수자 가족구성권 소송의 의미와 방향〉, 가족구성권 네트워크 토론회 유인물, 2014. 3. 24., 49쪽.

생활 속에서 특정한 사람들과 좀 더 내밀한 관계를 나누고 싶다는 것은, 그를 표현하는 다양한 가족 관계 사이의 편차에도 불구하고 사람이면 누구나 갖는 욕망일 것입니다. 그런 점에서 우리는 참으로 다르지만, 또한 그런 점에서 우리는 조심스럽게 서로 같습니다. 그리고 성소수자 스스로 '같은' 욕망을 가진 보편적인 인간으로 대우받기 위해, 그렇게 대우하지 않는 사회를 참을 수 없었던 많은 사람들이 싸워 왔고, 그런 연장선 위에 작년의 동성 결혼식이 있었습니다. 그럼에도 "사람 사는 이야기가 다 그렇다"는 더없이 보편적인 이야기를 '실현'하기 위해, 사랑하며 살고 싶다는 이야기를 '실천'하기 위해 싸워야 할 것들이, 아직은 우리 앞에 많이 남아 있습니다.

성소수자에게는 가족을 구성할 더 많고 더 다양한 권리가 확보되어야 합니다. 그리고 그 형태는 결혼일 수도 있겠고, 그 외 다른 형태가 될 수도 있습니다. 작년의 김조광수·김승환 부부 결혼식을 보며, 여러분들은 어떤 가족을, 또 어떤 공동체를 꾸리며 살고 싶으셨습니까? 앞으로 해야 할 일은 아마도 저 두 번째 질문을 위한 답을 각자가 준비하는 작업이 되지 않을까 싶습니다.

덧) 2014년 5월 21일, 가족구성권 네트워크와 김조광수·김승환 부부는 서대문구청의 혼인신고 불수리 통보에 맞서 혼인신고 불복에 대한 소송을 제기했고, 2015년 7월 6일 서울서부지방법원에서 이 혼인신고 소송과 관련된 첫 심리가 비공개로 진행되었습니다.

또한 2014년 7월 3일, 혈연 및 혼인 관계에 있지 않은 동거가족이 기존의 가족에 준하는 법률적 보호를 받게 하기 위한 "생활동반자관계에 관한 법률"의 토론회가, 국회성평등정책연구포럼이 주최하고 새정치민주연합 진선미 의원실이 주관한 가운데 열렸으며, 2015년 2월 12일, 3월 5일, 3월 26일에 걸쳐 "생활동반자관계에 관한 법률" 시민사회 연속간담회가 개최되었고, 현재 동 법안 발의를 준비하고 있습니다. (2015. 8. 13. 현재)

최초의 게이 인권 운동 단체

다양성의 역사

동성애자 인권 운동이 한국에 태어난 지 20년이 흘렀습니다. 그동안 무엇이 바뀌었을까요. 아무것도 달라지지 않은 것 같기도 하고, 그래도 무언가 달라진 듯한 기분도 듭니다. 그런 애매모호한 느낌들 사이를 지난 세월 동안 게이들 스스로, 또 운동 스스로 걸어 왔던 셈입니다. 여기서는 그 모호한 느낌들 속에 그래도 부딪치고 싸우고, 그럼으로써 무언가 나아진 흔적들을 지난 20년간의 옛

'한국동성애자인권운동협의회 기자회견',
1995. 6 .26.

글을 읽으며 확인하고자 합니다. 지난 시절 우리가 얼마나 무성한 숲을 헤쳐 오고, 또 그 과정 속에서 얼마나 다양한 나무들을 길러 왔는지 함께 되짚을 수 있는 자리가 되기를 바랍니다.

여기 동성애자가 있다

"먼저 우리는 그간 동성애라는 성적 지향성을 부정하고 그것의 존재 자체를 부인했던 우리 시대의 집단적 침묵을 비판하고자 한다. 동성애와 동성애자는 존재한다! 수많은 이성애자들이 생각하듯 이성애라는 성적 지향성만이 유일하고 정상적이며, 이와는 다른 종류의 성적 지향성은 변태이고 도착이며 불완전하고 비정상적인 것이 아니다. (중략) 다시 한 번 말하거니와 동성애와 동성애자는 존재한다. 따라서 문제는 우리 동성애자들과 어떻게 민주적으로 더불어 살기를 모색하는가일 뿐이다."

_한국동성애자인권운동협의회, 〈한국동성애자인권운동협의회 발족 선언문〉, 1995. 6. 26.

1995년 '친구사이'를 비롯한 네 개의 성소수자 단체가 모여 발기한 '한국동성애자인권운동협의회(동인협)'의 선언문입니다. 발족 선언문에서 "동성애자는 존재한다!"는 구절이 실린 것에서 알 수 있듯이, 동성애자 인권 운동 초창기에는 '여기에/이미 동성애자가 있다'는 사실을 공공연히 이야기하는 것만으로도 큰 반향이 있을 수 있었습니다. 그 배경에는 동성애가 '보이는' 형태로 존재할 수 없었던, 따라서 없는 것이나 마찬가지로 취급되었던 엄혹한 시간이 가로놓여 있습니다.

모든 운동의 시작, 가령 5·18 희생자의 '존재', 일본군 위안부의 '존재', 보도연맹 학살자의 '존재'가 그렇듯이, 동성애자 운동 역시 동성애자가 '여기 있음'을 외치는 일부터 시작했습니다. 엄연히 있는 것이 마치 없는 것처럼, 아무것도 아닌 것처럼 치부되는 것만큼 잔혹한 일도 없을 것입니다. 그러한 '우리 시대의 집단적 침묵'이, 동성애자 운동의 시작과 함께 조금씩 베일을 걷기 시작했습니다. 동성애가 비로소 꺼내어 '논쟁'되기 시작한 것입니다.

동성애는 다름 아닌 성^性에 대한 문제입니다. 동성애뿐만 아니라 이성애 역시, 섹슈얼리티는 무언가 항상 수줍고, 무언가 꺼내어 말하기 어려운 '허리 아래의 부분'의 이야기입니다. '허리 아래의 부분'이기에 그때까지 많은 성범죄들과 성소수자들의 삶이 '무언가 꺼내지기 어려운' 낮도깨비의 상태로 존재했습니다. 그것이 '남사스럽게도' 꺼내어 논쟁되기 시작한 것은 결코 작은 의의가 아닙니다.

여느 사람의 머릿속에 '무언가' 평온하게, 당연한 듯 여겨지던 섹슈얼리티의 세계에, 게이·레즈비언 등이 '침입'해 들어오는 다양성의 '침범'이 이루어지기 시작한 것입니다. 그 다양성의 침범은 누구에게는 너무나 당연한 것이었겠지만, 누구에게는 필시 불편하고, 곤혹스러웠을 겁니다. 또한 기존의 동성애자들에게는, 애초에 나/동성애자는 여기 있는 것이었겠지만, 그런 누군가의 활동으로 '나는 여기 있음'의 의미가 좋든 싫든 변하게 되었습니다.

<초동회 소식지>, 1994. 1. 25

그렇게 '무려' 동성애자가 존재하고, 또 무려 '마땅히' 존재해야 한다는, 동성애를 위한 인정투쟁의 역사, 섹슈얼리티의 다양성을 향한 역사가 시작되었습니다. 이러한 동성애의 존재 증명은, 여느 사람의 마음속에 '서로 다름'을 끼워 넣고 살 면역이 생기는 과정의 시작이었을 것입니다. 따라서 그 이전의 은밀하고 평온한 침묵들보다는, 이를 기점으로 불거진 갖가지 분란들이, 좀 더 많은 사람들을 포괄할, 보다 진정한 '평화'에 근접하는 일이었을 것입니다.

우리는 '같은' 동성애자인가? — '게이' 인권 운동 단체

운동의 시작에 서서 '동성애자'임을 선포하게 될 때에는, 그 '동성애자'의 속에 실제로 어떤 내용을 담을지가 숙제로 남습니다. 가령 1993년 12월 게이 4명과 레즈비언 3명이 모여 '초동회'를 결성하였는데, 이 단체는 한국 최초의 동성애자인권운동단체가 됩니다. 그런데 3개월 후 초동회는 해산되고, 1994년 2월 남성동성애자인권운동단체 '친구사이(현 한국게이인권운동단체 친구사이)'와 같은 해 11월 한국여성성적소수자인권운동모임 '끼리끼리(현 한국레즈비언상담소)'가 분리 발족하게 됩니다. '같은' 동성애자이지만, '다른' 게이/레즈비언의 단체로 모임의 토대를 잡아 나간 것입니다. 당시 정황에 대한 회고 중 일부는 아래와 같습니다.

청중: 처음 결성할 때부터 게이와 레즈비언 따로, 개별적인 발족을 만들지 않고, 게이—레즈비언 연합 모임으로 만들었던 이유는 무엇입니까?
전해성('끼리끼리' 초대 회장): (초동회) 당시는 이 사회에서 "같은 동성애자를 만난다는 것 자체가 기쁨"이었고, 굳이 남녀를 분리해야 할 필요성이 없었습니다. 그러다가 소식지를 만들게 되면서부터 미묘한 차이를 느끼기 시작했습니다. 즉, 성에 대해서 남자, 여자가 바라보는 관점의 차이, 이 사회에서 살아가는 남자, 여자의 차이 등 미묘한 관점의 차이가 있었습니다. 같이 있으면서 갈등하는 것보다는 차라리 분리하는 편이 낫다고 생각했습니다. 그러나 제 생각으로는 적대적인

분리가 아니라, 서로 일을 더 잘할 수 있도록 에너지를 축적할 수 있는 긍정적인 분리였다고 생각합니다.

오준수(당시 '친구사이' 사무총장): 그때 헤어지면서 약속했던 말을 전해성 씨께서는 기억하시는지 모르겠군요. 초동회가 분리되면서 남—녀가 어느 정도 역량이 모아지게 되면, 다시 연합회를 만들기로 약속했었습니다.

사회자(이해솔, 전 '끼리끼리' 회장): 네, 그렇게 해서 만들어진 연합체가 바로 '동인협'이 되겠지요. 그래서 우리들이 이 자리에 같이 모이게 되었구요.

_〈'96 동인협 여름 인권 캠프 토크쇼 녹취록〉, 1996. 8. 18., 2~3쪽.

이들을 비롯한 성소수자 단체들은 1995년 동성애자인권운동협의회(동인협)를 결성한 다음, 1998년 한국동성애자단체협의회(한동협), 그리고 2002년 한국동성애자연합(한동연)의 형태로 각각 결집과 해산을 반복하게 됩니다. 초창기 LGBT 운동에서 위 협의체들이 차지하는 위상은 높이 평가될 필요가 있습니다. 헌데 2002년 한동연 발족 선언문에서, 앞의 두 연대체 활동을 두고 "실무 조직을 갖추지 못하고, 운동의 방향 설정에 있어 의견 차이를 좁히지 못했"다고 언급하는 한편, 이 한동연 역시 두 해를 넘기지 못하고 해산한 것을 보면, 이러한 연대체들이 실무적으로 원활히 돌아가기만 했던 것은 아닌 듯 보입니다.

흥미로운 것은 이러한 '전체연합'식 연대체가 명멸해 가는 동안, 독립된 조직들이 당면한 사안을 맞아 그때그때 힘을 모으는 연대 모델, 즉 2000년 동성애 사이트 '엑스존'의 청소년 유해매체물 지정 사건에 맞서 2001년 출범한 동성애자차별반대공동행동(동차공), 2007년 차별금지법 정국에 대응하여 2008년 출범한 성소수자차별반대무지개행동(무지개행동) 등의 연대체가 이후 더 긴 호흡으로 살아남아 오늘에 이른다는 것입니다.

초창기 성소수자 인권운동단체들의 합종연횡과 불협화음에 대해 평가하는 것, 또한 활동과 생존과 연대를 위해 각 단체와 연대체가 어떤 명의와 용적을 가지는 것이 마땅했을지를 분별하는 일은 이 글의 한계를 넘어서는 과제입니다. 그러나 다만 동성애자 운동에 있어, 개개인이 동성연애자에서 동성애자로, 섹스만이 아니라 섹슈얼리티와 연동된 사회적 관계를 가지는, 그 나름의 삶의 양식을 갖는 사람으로 성장하고 생활하는 것은 중요한 목표일 수 있었습니다. 이를 위해 어떤 이들은 우선 자신과 좀 더 닮은 이들이 모인 커뮤니티에서 마음을 녹이고 난 후에, 비로소 자신과 비슷하지만 다른 처지의 소수자에게도 마음을 열 수 있는, 운동을 터 잡을 수 있는 힘이 생길 수 있었던 건지도 모릅니다.

따라서 단체의 명의를 '게이'로 한정한 것은, 레즈비언을 포함한 여타 소수자들과 갈라서겠다는 뜻이라기보다, 다양성을 구성하는 한 '단위'로 기능하기 위한 역량을 안으로 다지는 과정으로 생각해 볼 수 있습니다. 그리고 이는 예정된 연대

《오준수를 추모追慕함》, 친구사이, 2000. 2 .11

속의 쪼개짐이자, '일치를 위한 갈라섬'일 수 있었습니다. 한 단체의 우산 안으로 통합되는 것도 필요하지만, 하나가 되기 위한 전제를 쌓는 과정, '같은' 성소수자 운동을 위한 서로 '다른' 복수의 성소수자 커뮤니티 조직의 과정 또한 필요할 수 있었습니다. 대의가 커다랄수록 그를 위해 커다랗지 않은 복수의 결사 또한 굳건해야 했던 까닭일지도 모를 일입니다.

이처럼 다양성이란, 그 다양함을 지탱하고 그것을 질적으로 분별할 수 있는 각자의 역량을 전제로 하고 있습니다. 지난 20년간 저마다 살아남아 오늘에 이른 각 운동 단체의 궤적들은, 다양성을 위한 생존 단위와 소통을 위한 최소 역량이 시험되고 구획되어 온 역사와 동일합니다.

우리는 '같은' 게이인가? ― 종로 · 이태원과 인권 운동

그렇다면 이렇게 구획된 '게이'들은 과연 서로 '같은' 이들이었을까요? 인권 운동 단체의 게이와 종로 · 이태원의 게이들이 과연 같은 '게이'일 수 있었을까요? 아래의 인용을 보면 그것도 용이치는 않았음을 알 수 있습니다. 1998년 유명을 달리한 '친구사이' 회원 故 오준수 님의 생전 모습을 그린 대목입니다.

그는 특이한 존재였다. 누구처럼 내세울 만한 가방끈도 자랑할 만한 깨끗한 도덕교과서도 가지고 있지 못했다. 스스로 얘기했듯이 20대 초반부터 낙원동 뒷골목에서 "산전수전" 다 겪은 호모였다. 그랬기 때문에 그는 '초동회' 시절부터 종로의 게이커뮤니티와 동성애자 인권 운동 사이를 연결하는 유일한 고리가 될 수 있었다. '친구사이'가 우아 떠는 게이들의 자족적인 집단이 아니라 우리 문화의 일부인 종로와 함께하려 한다는 의지는 그의 존재로서 넉넉히 증명되곤 했다.

_신윤동욱,《오준수를 추모追慕함》, 2000. 2. 11., 13쪽.

한 사례를 더 봅시다. 1990년대 말엽, 업소 앞 '친구사이' 회원의 소식지 배포를 문제 삼은 이태원 업소와의 분쟁을 다룬 글입니다.

지난 7월 19일 밤 11시경 이태원 S 업소 앞에서 작은 실랑이가 있었다. '친구사이' 소식지를 배포하려던 '친구사이' 회장님을 비롯한 몇몇 회원들과 이를 저지하는 업소 주인과의 마찰이 그것이다. 그동안 별 문제없이 진행되던 소식지 배포를 막는 이유는 다음과 같았다. '사람들이 소식지를 길거리에 함부로 버려 어지럽힌다', '이웃에서 동성애자들이 주말만 되면 이곳에 몰린다고 말이 많다', '단속이 심해서 경찰의 심기를 건드릴 수 없다' 등 결국은 한창 잘나가는 영업에 차질이 생길 수도 있으니 방해 요소는 다 제거해 달라는 이야기였다. 일단은 그 자리에서 언성을 높여서 해결할 일이 아니라는 판단에 자리를 접고 물러서긴 했지만 그동안 아군이라고 믿었던 업소의 실망스런 처사에 느낀 배신감과 억울함은 삭히기 힘들었다. 영문도 모르는 채 뒤늦게 도착한 다른 회원들은 힘 빠진 회원들을 뒤로한 채 신이 나서 언제나처럼 그곳에 들어갔다.

_연대 미상의 글(1990년대 말엽으로 추정).

　　초창기 회원 중에 인권 운동과 유흥 문화 사이의 '고리' 역할을 하는 이가 드물었음을 역설적으로 말해 주는 위의 글이나, "이제 더 이상 이태원 문화를 찬양하기만 할 수는 없다" 고 부르짖는 아래의 글에서 보듯이, 종로·이태원과 인권 운동이 '게이'란 정체성 안에서 처음부터 사이좋게 모여 놀 수 있었던 것은 아니었습니다. 그것은 게이라는 정체성의 내용이 좀 더 '다양'해지기 위한 진통의 과정일 수 있었습니다.

아래의 글은 그 과정으로서의 '진통'이 그야말로 적나라 하게 표출된 글이 아닐까 싶습니다.

당신('친구사이'—인용자)에게 '헌신'하겠다고 댕기 풀고 맹서했던 그 년들은 휘황한 이태원거리에서 '해피 투게더'하고 있었습니다. 당신만 '따'시키고 말입니다. 당신께 바칠 회비로 우아하게 잔을 돌리고 있더 군요. 나쁜 년들. 그게 저를 포함한 '친구사이' (전)회원들입니다. 그 들은 이렇게 말하더군요. "내가 '친구사이' 회원이라구? 난 어느 빠든 갈 수 있어! 식성은 움직이는 거야."
하긴 그년들만 탓할 수는 없겠지요. 어쩌면 당신은 이제 정말 '한물 간' 스타인지도 모르겠습니다. 당신의 시대는 '거'했다는 거지요. 이반 사회의 그 엄혹한 '연애계'에서 당신은 이제 매력 빵점입니다. 한때 다 들 흠모해 마지않았던 '인권'이라는 당신의 매력 포인트에 이젠 아무 도 끌리지 않습니다. 저부터 그렇다니까요. 왜냐구요? 글쎄요.
_오래된 년, 〈안녕, 내 사랑—동성애자 인권운동의 비망록〉, 《친구사이 소식지》, 2000. 6. 1., 14쪽.

누구의 표현대로 "끼리끼리 술 마시고 놀러다니"다가, 어 느 날은 또 태연히 피켓 들고 시위에 나가고 캠페인을 하는 게이 커뮤니티의 모습을 생각하면, 위의 글이 그리고 있는, 지 난날 게이 운동이 지나쳐 왔던 진통의 무게를 생각하게 됩니 다. 운동이 생활 안에서 제자리를 흡족히 찾아가고, 생활이 쾌락을 물리치지 않고도 적절한 윤리를 세우는 일이 가능하게 된 것, 하여 비로소 어느 한 모습의 게이가 아닌, 게이로서 다양한 모습을 스스로 체현하며 살 수 있게 된 것. 이 또한 수월찮은 과거의 시행착오 끝에 거둬진, 보다 성숙한 게이의 상이 아닐까 싶습니다.

'홍석천의 커밍아웃을 지지합시다!' 유인물, 홍커지모 사무국, 2000.

서로 도저히 양립할 수 없을 것 같던 인권 운동과 종로·이태원 업소들이 서로 '윈윈'하는 묘책을 찾고, 서로가 서로를 품음으로서 결과적으로 저마다 더 크고 의미 있는 모양을 가지게 된 것, 그리하여 이태원과 집회를 동시에 뛸 수 있는, 서명 운동을 받으면서도 남자 끼고 앞을 지나치는 게이들을 미워하지 않을 수 있는 이들이 생겨난 것이야말로, 별 게 아닌 것 같지만 지난 세월이 우리에게 남긴 농담 같은 유산일지 모릅니다.

'다양한' 게이를 위하여

20년 동안 세상은 많이 변했을까요? 그간 별로 한 게 없다고 생각될 수도 있습니다. 하지만 우리가 일상적으로 누리고 향유하는 바로 이것이, 우리가 여태껏 거둔 성취의 집합입니다. 다양성을 위한 최소한의 존재 조건과 역량을 만들고, 나를 지키면서 남과 함께함을 배우고, 그럼으로써 내가 풍요해지는 법을 배우고, 이를 통해 다양성의 의미를 말로 끝내지 않고 몸으로 부딪치며 실천해 온 역사입니다. 따라서 다양성은 그냥 온 것이 아니라 경험과 시간을 들여 비로소 뺏어 오고 사수해 낸 것이며, 그를 통해 우리는 그 이전에 비해 좀 더 자연스럽게 '존재'하고 '활동'할 수 있게 된 것입니다.

앞으로의 과제는 무엇일까요. 우리에겐 보다 많은 것들이 필요합니다. 더 많은 조직, 더 많은 목소리, 더 많은 분란, 그 모든 침범과 도전을 넘기고 새로 생길 모든 것에 제자리를 찾아 줄 수 있는 더 많은 지혜, 그럼으로써 얻어질 더 많은 정체성. 그것들을 어떻게 이룰지를 고민하기 위해, 한 번쯤은 우리네 과거를 돌아봐도 무방할 것입니다. 새 세대가 과거를 알아야 할 '의무'는 없지만, 과거를 앎으로써 보다 현명하게 자유로울 방법을 찾을 수는 있을 것입니다. 지금에 와 한번 돌이켜 봅시다. 결혼할 권리가 거부당하기 전엔 방송 활동을 할 권리가 거부당했고, 그것이 거부되기 전엔 아예 존재할 권리가 거부당했던 과거를, 이제와 당연한 것들이 전혀 당연하지 않았던 불과 몇 년 전의 일을. 세상은 아주 조금씩, 그러나 분명히 나아가고 있습니다.

최초의 대규모 정치적 가시화

서울시청 무지개농성단: 거기에 '인권'이 있었다

— 서울시민인권헌장 제정을 위한 무지개농성에 부쳐

"성소수자에게 인권은 목숨이다"

"동성애자, 몇 명 병든 동성애자. 그런 성행위를 위해서 온 국민이 망해야 돼요?"

"동성애 해서 우리나라 어떻게 되려고요?"

"너네 인권이지, 우리 인권이야?"

"사회자(박래군 '인권중심 사람' 소장)가 온전히 편향적이어서 공정하게 의견을 들을 수 있는 사람이 아니기 때문에 그래요. (기자: 어떤게 편향적이에요?) 국가보안법 철폐를 주장했구요, 여태까지 종북좌파적인 활동을 계속해 왔던 사람이에요. 인권을 이야기할 수 있는 사람이 아니에요."

"여러분, 4시까지 여기에 머물다가 4시 이후에 이동합니다. 할렐루야, 하나님께 영광의 박수를 올려드립니다."

_뉴스타파, 〈서울시민인권헌장 공청회 영상회의록〉, 2014. 11. 21.,
http://youtu.be/m6TDs42j5Qo

때는 11월 20일로 거슬러 올라갑니다. 서울시민인권헌장 시민 공청회가 보수 기독교 단체의 단상 점거로 무산돼 버린 날이었지요. 서울시민인권헌장의 차별금지 조항에 "성적 지향"과 "성별정체성"의 두 단어를 명시한 것이 '동성애를 조장'한다는 이유에서였습니다. 단상을 점거하고 공청회를 부산시킨 자리에서 "하나님께 영광"을 돌리고 있는 이 풍경은, 호모포비아 세력이 본격적으로 체계와 조직을 갖추어 움직이는 것을 보여 준 사건이었습니다. 마치 군사작전을 방불케 한

이들의 패악질은, 차마 기록된 영상을 눌러 보기 무서울 정도로 처참한 것이었습니다. 대화에 대한 반박이 아니라 대화 자체를 가로막은 이 폭력적인 사태를 서울시는 수수방관했고, 이 사건은 이후 몇 주간 벌어진 일들의 전주곡이었습니다.

11월 28일, 시민위원회의 인권헌장 표결이 있었던 날입니다. 마찬가지로 의견에 대한 반대가 아니라 토론 자체를 가로막는 일들이 벌어졌고, 위원들에게 퇴장을 종용하는 시 측의 방해도 잇따랐습니다. 전체 180명의 위원 중 자리를 지키고 있던 73명이 헌장안 중 "성적 지향, 성별정체성으로 차별받지 않을 권리"의 삽입 여부를 표결했고, 재적 인원 중 압도적인 60명이 찬성을 표하여 시민위원들은 이에 헌장이 통과되었음을 공표했습니다. 그러나 이튿날 서울시는 전체 180명의 위원 중 과반 이상이 퇴장했고, 또한 표결이 되었음에도 이 사안에는 "전원 합의"가 필요하다는 이유로 헌장 제정이 무산되었음을 선포했습니다. 하루 사이에 헌장의 제정과 좌초를 동시에 알리는 기사가 인터넷 포털 상에 어지러이 난무하게 되었습니다.

서울시의 이러한 결정에 대해, 1995년 민주노조 운동의 결실로 출범한 민주노총과, 2004년 이래 주요 인권 현안의 중심에 있었던 인권단체연석회의와, 2008년 차별금지법 투쟁을 계기로 결집된 무지개행동이 한 목소리를 낸 성명서를 발표했습니다. 근래의 성명서 중 가장 규모가 큰 연명이었습니다. 그리고 성명서가 나온 지 불과 하루 만에, 박원순 서울시장의 언행이 기사화되었습니다. 인권헌장 제정에 회의적이라는 발언과 함께, 한국장로교총연합회의 기독교 목사들을 찾아가 "동성애를 지지하지 않는다"고 말한 것이 사실로 확인됐습니다.

"동성애를 지지하지 않는다"는, 인권배반적이며 형용모순적인 말을 다름 아닌 인권변호사 출신인 박원순 서울시장이 했다는 사실은 많은 이들을 충격으로 몰아넣었습니다. 불과 며칠 전 공청회장에서 보수 기독교 단체가 테러에 가까운 일을 벌인 판국에, 그가 목사들 앞에서 "동성애를 지지하지 않는다"고 말했다는 것은, 테러조직인 재건 서북청년단 앞에서 좌익을 지지할 수 없다고 말한 것과 똑같은 파괴력을 지닌 것이었습니다. 인권의 확대가 "정치인" 이전에 "시민 단체"에게 달려 있다던 그는, 그렇게 정치인의 책임을 방기한 동시에 이제까지 인권 증진에 매달려 왔던 활동가들을 모욕한 꼴이었습니다.

박 시장은 "개인적으로 동성애자 권리를 옹호한다"면서, (중략) 그는 이어 "동성애자들의 권리를 개인적으로 존중하지만 한국 사회에서 개신교의 영향력이 막강하기 때문에 정치인들에게 쉽지 않은 사안"이라면서 "인권의 보편적인 개념을 동성애자에게 확대하는 것은 시민 단체의 손에 달렸다"고 강조했다. 그러면서 "시민 단체가 국민을 설득하면 정치인도 결국 따라올 것"이라면서 "이 같은 변화는 한국 사회에서 이미 진행 중"이라고 덧붙였다.

_〈박원순 시장 "한국, 동성 결혼 합법화하는 첫 아시아 국가 돼야"〉, 《코리아헤럴드》 2014. 10. 13.

그는 더 나아가 인권헌장에 대해, "사회갈등이 커지면 안 하는 것만 못하다"고 주장했다. 사회갈등을 통해 당선된 시장이 하기엔 어울리지 않는 말일뿐더러, 이는 인권의 성립에 대한 처절한 부정이다. 사회갈등 없이 성립된 권리는 없다. 차별당하는 자가 권리를 요구하는 순간 갈등이 생기며, 그들의 요구에 동의하는 자가 늘어날 때 갈등이 커지기 때문이다. 박원순의 주장은 인권의 역사에 대한 부정이다. 인권 문제에 있어 사회갈등이 커지지 않기 위한 유일한 방법은, 노예는 노예로, 빼앗기는 자는 빼앗기는 자로, 자신의 삶을 달게 받아들이는 것뿐이다. (중략)

사회적 갈등을 이야기하기 전에, 그 사회적 갈등이 무엇이었는가를 명확히 할 필요가 있다. 갈등의 핵심은 천부인권의 적용에서 성소수자를 예외로 할 것이냐였다. 즉, 동성애자를 인간의 범주 안에 넣을 것인가 말 것인가의 문제였다. 무려 인권변호사 출신인 박원순 시장은, 사회적 갈등이 커지게 만드느니 성소수자가 인간이라는 사실을 인정하지 않기로 결정한 것이다. "안 하는 것만 못한" 일을 한 건 박원순 시장 본인이다. 무슨 대단한 현장을 만들겠답시고 차별받는 자들을 극장으로 불러내어 그들로 하여금 기독교 근본주의자들에게 둘러싸인 채 온갖 수모를 겪게 한 뒤, 그가 한 일은 "인간이 아님"을 확인해 준 것 뿐이다. (중략)

중요한 것은 당신이 동성애를 어떻게 생각하느냐가 아니라, 당신이 차별을 지지하고 있다는 사실이다. 당신을 설명하는 것은 당신의 머릿속에 갇힌 증명불가능한 지성이 아니라, 당신의 가슴속에서 비밀리에 끓고 있는 인류애가 아니라, 당신의 손에 들고 있는 비열한 몽둥이다.

_청년좌파, 〈아미스타드의 불가능한 합의─서울시가 성소수자 차별을 승인했다! 서울시민 인권헌장 폐기에 부쳐〉, 2014. 12. 7.

　　그의 말대로, 동성애를 차별하지 않아야 한다는 데 있어 "사회적 합의"가 아직 부족한 것은 사실일지 모릅니다. 그러나 그러한 합의가 부족해서 저런 헌장이 통과되지 않아야 하는 것이 아니라, 저런 명목적 헌장'이라도' 통과된 이후에야 "합의"고 뭐고를 논할 수 있는 '조건'이 비로소 갖추어지게 되는 것입니다. 쉬운 예를 들어, 빨갱이로 몰려 죽은 이들에 대한 복권과 해원에 전국민적 "합의"를 기다려야 했다면, 그들은 영영 아무런 세월도 얻지 못한 채 잊혀야 했을 것입니다. 미워하는 사람이 있든 말든, 대화의 장을 보다 공정하게 만들기 위해 나아갈 것은 나아갈 필요가 있는 것입니다. 국가보안법 연구자로서 좌익 학살의 기억을 '논쟁'할 수 있는 장

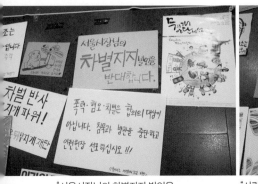

"서울시장님의 차별지지 발언을
반대합니다"

"사람의 인권을 흥정하지 말라,
인권을 무엇과 거래할 수 있습니까"

을 그토록 집요하게 만들려던 역사문제연구소의 발기인 박
원순이, 어느 날 낯을 바꾸어 동성애에 대한 "사회적 합의"를
논하며 헌장을 무효로 만든 것에 사람들이 아연했던 것은 이
때문입니다.

　지금도 대다수 중·고등학교 교칙에 여전히 남아 있는
동성애 학생 처벌 규정과 비교했을 때, 저 힘없는 헌장 한 줄
이 어떤 진지가 되어 줄 것인지, 현장에 있는 사람들은 너무도
잘 알고 있었기에 서울시장의 저 무심한 말에 더욱 분노했는
지도 모릅니다. 혐오당하지 않을 권리보다 혐오할 권리가 더
중요하다고 말하는, 일베와 보수 기독교 사이의 희미한 연결
고리가 박원순 서울시장에까지 가 닿았을 줄은 몰랐기에 그

"박원순 시장님,
존재도 합의가 되나요?"

"인권은 '전선'의
문제가 아니다"

토록 화가 났던 건지도 모릅니다. 배신감에 치를 떨던 인권
단체들은 어떤 루트로도 해명을 전해 오지 않는 서울시에 맞
서 12월 6일, 비로소 서울시청 로비에 가부좌 틀기를 결의합
니다. 6일간 이어진 무지개 농성단 연좌농성의 막이 오른 것
입니다.

농성 3일차 밤부터 시청 로비의 전기가 간헐적으로 끊기
기 시작했습니다. 모든 점거농성장의 신박한 레퍼토리가 여
지없이 돌아왔습니다. 농성 2일차에 서울시 비서실은 "언제가
될지는 모르겠지만 미팅 시간을 잡아 줄 테니 연좌농성을 풀
라"는 말을 전해 왔고, 이에 연좌농성을 통틀어 사회를 보던
김조광수 감독이 자신이 겪은 일화를 말해 주었습니다. 임모

씨가 부시장으로 있을 때 그도 똑같은 말을 했었고, 거기에 김조광수 감독은 "우리가 예전에 투쟁할 때 그런 소리를 과연 믿은 적이 있었느냐"고 반문했을 때, 임모 씨는 "그건 반민주세력이랑 싸웠을 때의 애기고"라 답변했다고 합니다. 한결같은 낯빛을 가진 보수의 몰염치들이 그렇게 처연히 드러나는 순간이었습니다.

이에 성소수자들은 의연하고 유쾌하게 맞섰습니다. 본래 12월은 성소수자 인권단체의 각종 공연과 후원 행사가 잦은 달입니다. 연좌농성이 시작되던 그날은 HIV/AIDS 감염인 후원을 위한 제2회 RED PARTY가 예정된 날이었고, 이튿날은 언니네트워크의 소모임 '아는언니들'의 제2회 정기 공

제2회 RED PARTY 장내 풍경. @50Fifty, 종로.

연이 있던 날이었습니다. 농성 시작 당일 많은 사람들은 시청의 농성장과 종로의 후원행사장을 번갈아 오가며 양쪽의 안부를 걱정했고, '아는언니들'과 그녀들의 무대에 찬조 공연한 '지_보이스'는 매일 저녁 연좌농성장의 문화제 합동 공연 무대에 함께했습니다. RED PARTY 때 활약했던 고고보이 크루 'SPIKE'도 거듭 농성장을 찾아 주었습니다. 성소수자들 스스로 놀이의 문화와 인권의 의제를 얼마나 세련되게 소화하고 있는지를 몸소 알려 주는 광경이었습니다.

그러나 무엇보다 놀라웠던 것은 6일 동안 시청 로비를 찾았던 수많은 게이들과 레즈비언들과 여타 소수자들의 얼굴이었습니다. 취재 카메라가 실시간으로 돌아가는 현장에서 그들은 얼굴이 내보이는 것을 두려워하지 않고 그곳에 머물렀습니다. 성소수자들을 '눈에 보이는' 존재로 만드는 것이야말로 지난 수십 년간 인권 단체들이 목숨처럼 여겼던 일입니다. 숨어 살아야 했고 숨어 살고 싶었던 긴 세월을 지나 내가 여기 있다고, 내가 바로 성소수자라고, 내 얼굴을 찍어 가라고 외치는 수많은 사람들의 발걸음은 장엄했습니다. 로비한쪽 구석에서 줄기차게 울려 퍼졌던 호모포비아들의 찬송소리보다 성소수자들이 더 아름다울 수 있었던 것은 바로 그

당당함 때문이었습니다. 자신들을 찍으려는 카메라를 향해 찍지 말라고 윽박지르던 포비아들과 비교해, 과연 이 자리에서 누가 '부끄러운' 짓을 하고 있는지는 명명백백한 것이었습니다.

또한 연좌농성의 모든 흐름들은, 참여자의 에너지를 지나치게 빼앗지 않고 불필요한 격정에 빠지지 않을 수 있는 장치들로 촘촘히 조직되어 있었습니다. 발언하고 공연하는 모든 팀들에게 요구되었던 끼스러운 구호들, 우스꽝스런 몸짓들은, 지나치게 타오를 수 있는 분위기를 웃음으로 승화시켜 주었고, 따라서 농성의 현장은 우리 일상과 보다 가까운 곳이 될 수 있었습니다. 연좌농성 현장에 이렇게 활동가가 아닌 일반 사람이 많이 오는 광경은 퍽 드문 것이었고, 이는 이전에 겪어 본 수없는 실패의 경험들 위에 쌓인 성과였습니다. 그렇게 그곳의 사람들은 "내가 여기에 이렇게 살고 숨 쉬는 것이 이토록 큰 의미를 갖는다"는, 일상이 곧 정치라는 뜻을 온몸으로 실천했던 셈입니다. 그들이 이룩한 것은, 정치를 일개 선거 공학으로 생각하고 인권보다 지도자 옹립의 가치를 더 추켜세우던 몇몇 박원순 서울시장 지지자의 그것보다 훨씬 넓고 깊은 정치였습니다.

연대 단체로부터 도착한 모포와 침낭들, 각계각층에서

답지된 솔찮은 액수의 성금과, 하루도 빼놓지 않고 시청 로비를 번갈아 지샌 소수자들로 넘실대던 시청 로비는, 농성 5일 차에 드디어 고대하던 박원순 서울시장과의 면담을 가집니다. 그전까지 그를 향해 그림자처럼 따라붙던 활동가들의 피켓과 몸싸움과 결기 어린 목소리 끝에 얻어 낸 성과였습니다. 활동가들을 만난 자리에서, 박원순 서울시장은 적어도 닷새 전에는 했어야 했을 간단한 사과의 말과 함께 향후 논의를 지속할 것을 구두로만 약속하고는 몸을 거두었습니다. 세계인권선언일인 12월 10일, 면담 결과를 들은 사람들은 시청 로비에서 장시간 향후 방향에 대해 논의하고, 조별로 토론하고, 그 결과를 나누는 시간을 가졌고, 마침내 농성의 즉각적인 해산 불가와 더불어 향후 농성 유지 여부 결정을 대표단에게 위임할 것을 의결했습니다. 무거운 책임을 맡게 된 대표단은 그날 밤 긴 회의에 돌입했고, 회의는 새벽 5시까지 계속되었습니다.

회의의 결과는, 박원순 서울시장의 사과를 이끌어 낸 것으로 6일간의 연좌농성을 정리하는 것이었습니다. 인권헌장의 공포와 시의 공식적인 사과와 논의 채널의 공식화를 끌어내지 못한 실패는 뼈아프지만, 그 자리에 모인 그 수많은 소

서울시청 로비 무지개농성단 풍경

수자들의, 스스로 더는 익명으로 살기를 거부했던 얼굴 얼굴들이야말로 이 시위에서 가장 중요한 것이고, 그것을 실패한 기억으로 만들지 않을 의무가 우리에겐 있었습니다. 어느 누구의 동원도 아닌 자신의 걸음으로 나와 준 그 힘들을, 과거에 그랬듯 감히 어떤 집단이 전유하거나 동원 가능한 무엇으로 여기기보다, 그 걸음의 무게를 최대한 음미하고 그 걸음의 의미를 만천하에 공표할 필요가 우리에겐 있었습니다. 농성 6일차의 문화제를 끝으로, 머지않아 이어질 또 다른 연대의 장을 기약하며 연좌농성은 마무리되었습니다. 무지개 농성단 해산 직전, 수백 명의 성소수자들은 카메라 앞에서 당당하게 "당신의 인권이 여기 있다"라는 피켓을 들었습니다. 대한민국 역사상 최초로 거둔, 성소수자들의 유례없는 대규모 정치적 가시화의 현장이었습니다.

꿈결 같던 6일 동안 우리는 눈으로 보고 또 경험했습니다. 우리 성소수자의 존재가 바로 운동이고 투쟁이며, 또한 우리가 향유하고 있는 이것이, 우리의 선대가 그토록 눈물겹게 싸워 얻으려던 성취라는 것을. 6일간 시청 로비를 버티어 준 모든 이들에게, 다시 한 번 가슴 깊이 감사드립니다.

덧) 2015년 3월 9일, 천주교 인권위원회가 주관하는 제4회 이돈명인 권상에 서울시청 연좌농성의 주인공인 무지개농성단이 선정되어, 3월 19일 명동에 있는 가톨릭회관 7층 대강당에서 시상식이 개최되었습니다. 성소수자 중심의 연대체가 4대 종단의 상을 수상한 예는 이번이 처음입니다.

최초의 서울시청 광장 진출

2015년 퀴어퍼레이드

2015년 6월 9일, 서울시청 광장에서 퀴어문화축제 개막식이 열렸고, 행사 전체가 유튜브를 통해 생중계되었습니다. 개막식에는 총 16개국(유럽연합대표부, 벨기에, 독일, 프랑스, 아일랜드, 아르헨티나, 캐나다, 브라질, 덴마크, 핀란드, 이스라엘, 스페인, 영국, 노르웨이, 스웨덴, 스위스, 미국) 대사관의 관계자가 참석하여 축사를 전했습니다. 더불어 6월 28일 서울시청 광장에서 퀴어퍼레이드 부스 행사가 열렸고, 오후 4시 반부터 6시까지 청계광장, 삼일로, 명동, 세종로를 휘도는 퀴어퍼레이드가 개최되었습니다. 경찰이 친 펜스 바깥에는 어김없이 보수 기독교 혐오 세력들이 방언과 부채춤과 북소리를 곁들여 퍼레이드를 방해했고, 펜스 안으로는 지난날 보수 기독교도들이 부채춤을 추며 쾌유를 빌었던 리퍼트 미 대사가 부스 행사 현장을 방문하기도 했습니다. 합법 집회 신고 결과에 따라, 도로에 드러눕고 차 밑에 기어 들어가는 그들의 게릴라식 방해에도 행사는 비교적 순조로이 진행될 수 있었습니다.

서울의 중심이자 상징적 공간인 시청 광장에서 퀴어퍼레이드가 열린 것은 곱씹을수록 그 의미가 벅찬 것이었습니다. 행사에는 경찰 측 추산 6,000명, 주최 측 추산 3만여 명의 인파가 몰렸습니다. 그러나 오래전부터 준비되고 기획되어 마침내 성사된 이날의 퀴어퍼레이드는, 그 부푼 계획만큼이나 이를 방해하려는 세력들에게 어느 때보다 집요한 공격을 받아야 했습니다. 따라서 마침내 개최된 퀴어퍼레이드의 외양은 더없이 즐겁고 감동적인 축제 분위기였지만, 그것을 준비하는 과정은 참으로 전쟁과도 같은 시간들이었습니다. 유달리 극심했던 그 지난한 방해 과정을 이 자리에서 구체적으로 다 이야기하기에는 지면이 모자라므로, 여기서는 2015년 퀴어문화축제가 성사되기까지의 과정을 간략한 일지와 사진들을 통해 소개하도록 하겠습니다.

2015년 퀴어문화축제 준비 과정 일지

2014. 6. 17. 퀴어문화축제 조직위원회, 2015 퀴어문화축제 서울시청 광장 개최 청원 서명캠페인 진행(~2015.6.)

2015. 3. 16. 퀴어문화축제 조직위원회, 제16회 퀴어문화축제 퀴어퍼레이(6월 13일) 서울시청 광장 사용신청서 제출 / 서울시 총무과, 같은 날 다른 행사 예약을 이유로 사용신고서 불수리

2015. 3. 17. 퀴어문화축제 조직위원회, 제16회 퀴어문화축제 개막식(6월 9일) 서울시청 광장 사용신청서 제출 / 서울시 총무과, 같은 날 다른 행사 예약을 이유로 사용신고서 불수리

2015. 3. 18. 퀴어문화축제 조직위원회, 서울시의 서울시청 광장 관련 시 규칙 제3조 '신고처리현황 공개' 위반 여부에 대한 언론 인터뷰 및 서울시 관계자에 문제 제기

2015. 3. 27. 서울시 총무과, 제16회 퀴어문화축제 개막식(6월 9일) 서울시청 광장 사용신고서 수리

2015. 4. 3. 광주광역시기독교교단협의회 · 부산기독교장로총연합회 · 부산기독교총연합회 · 부산성시화운동본부 · 충청도동성애반대연합 · 7000순교자협회, "박원순 시장님, 〈시청앞 6.9.동성애/퀴어 성문화축제를 결사반대합니다!〉"《조선일보》전면광고 게재(A24면)

2015. 4. 3. 퀴어문화축제 조직위원회, 서울시청 광장 사용반대 광고에 대해 비판적 입장 발표

2015. 5. 10. 퀴어문화축제 조직위원회, 남대문경찰서에 1순위로 서울시청 광장 집회신고서 제출, 예수재단 · 건강한사회를위한한국민연대 등도 동 장소에 대한 집회신고서 제출

2015. 5. 12. 한국기독교총연합회 · 한국교회연합 · 한국장로교총연합회, 남대문경찰서에서 "공공의 질서를 해치는 퀴어문화축제 반대

의견의 건" 민원 접수

2015. 5. 14.　각 보수 기독교 단체, 혜화경찰서에 대학로 인근 집회신고를 위해 텐트 줄서기 진행 / 당일 혜화경찰서에 퀴어문화축제 조직위원회의 퀴어퍼레이드 집회신고서가 3순위로 접수 / 혜화경찰서, 퀴어퍼레이드 집회 불허 통지

2015. 5. 21.　남대문경찰서, 6월 28일자 서울시청 광장 집회신고 방식을 "대기하고 있는 순번에 의해 선착순 접수하겠다"고 변경 공지 퀴어문화축제 조직위원회를 비롯하여 각 시민들과 외국인들의 자발적인 참여로 남대문경찰서 집회신고 줄서기 시작, 이후 29일 자정까지 '무지개 줄서기' 문화 행사로 발전

2015. 5. 22.　퀴어문화축제 조직위원회, 퀴어퍼레이드 6월 28일 서울시청 광장 결정 공식 발표
한국기독교총연합회, 박원순 서울시장 내방, 퀴어퍼레이드 서울시청 광장 허용 취소 요구

2015. 5. 27.　한국기독교총연합회, 남대문경찰서에 퀴어퍼레이드 서울시청 광장 개최 항의서 전달
퀴어문화축제 조직위원회 · 성소수자차별반대 무지개행동 · 인권단체연석회의, '남대문경찰서의 졸속적 집회신고 절차 공지에 대한 규탄과 안전한 퀴어문화축제를 위한 대책 마련을 촉구하는 시민사회단체 기자회견' 개최
퀴어문화축제 조직위원회 외, 남대문경찰서에 안전한 퀴어문화축제 보장을 위한 공동 요구안 및 민변 소수자위원회 의견서 전달 시도 / 남대문경찰서, 대표단을 경찰서 밖으로 강제 연행

2015. 5. 28.　퀴어문화축제 조직위원회 · 성소수자차별반대 무지개행동, "안전한 퀴어문화축제 보장을 위한 면담 요구에 폭력으로 답

"무지개 줄서기" 이벤트 @남대문경찰서, 2015.5.28. 11:30.

한 남대문경찰서를 규탄한다" 성명서 발표

퀴어문화축제 조직위원회, 서울지방경찰청에도 집회신고서 제출키로 결정

2015. 5. 29. 서울지방경찰청, 퀴어문화축제 조직위의 서울시청 광장 퀴어 퍼레이드 집회신고서 1순위로 접수(00:00)

남대문경찰서, 퀴어문화축제 조직위의 서울시청 광장 퀴어퍼 레이드 집회신고서 2순위로 접수(00:02, 1순위는 나라사랑 자녀사랑운동연대)

2015. 5. 30. 서울지방경찰청·남대문경찰서, 퀴어문화축제 조직위에 퀴 어퍼레이드 중 거리행진의 옥외집회금지 통고

(근거: '집회 및 시위에 관한 법률' 제8조 제2항에 의거, "신고한 집회 행진과 시간 장소가 중복되는 총 3건의 먼저 신고된 집회 행진이 있어, 동시 개최 시 그 목적으로 보아 서로 상반되거나 방해될 우려" / 동 법률 제12조에 의거, "주요도시 주요도로에 해당하여 심각한 교통 불편을 줄 것이 명백하다")

퀴어문화축제 조직위원회, 경찰 당국의 통고에 항의하여 "서울시경 · 남대문경찰서의 퀴어퍼레이드 옥외 집회 금지에 대한 입장서" 발표

2015. 6. 2.   민주사회를위한변호사모임 소수자인권위원회, 서울행정법원에 서울지방경찰청의 옥외집회금지통보처분 효력정지 가처분 신청

2015. 6. 7.   메르스 여파로 퀴어문화축제 개막식 유튜브 생중계, 최소 인원으로만 현장 운영 결정

2015. 6. 16.   서울행정법원, "서울지방경찰청장의 옥외집회금지통고 효력정지" 결정, 퀴어퍼레이드 일정 최종 결정(6.28.), 합법적 행진 보장

(판결이유: "집회의 금지는 원칙적으로 공공의 안녕질서에 대한 직접적인 위협이 명백하게 존재하는 경우에 한하여 허용될 수 있다", "집회의 금지는 집회의 자유를 보다 적게 제한하는 다른 수단 즉 조건을 붙여 집회를 허용하는 가능성을 모두 소진한 후에 비로소 고려될 수 있는 최종적인 수단", "퀴어문화축제는 2000년부터 시작되어 2014년까지 매년 1회 개최되었고 축제조직위 측은 상당히 오래전부터 퀴어퍼레이드를 계획하였던 점 등에 비추어 보면, 행진금지통고의 효력이 계속 유지됨으로 인해 축제조직위 측이 입을 손해는 회복하기 어려운 손해에 해당한다")

퀴어문화축제 대응협의체(총 112개 인권 · 시민사회 · 종교 · 정당 단체), 서울시경 옥외집회금지통고 효력정지 결정에 "평화로운 행진 위한 법원의 의미있는 결정 환영" 논평 발표

2015. 6. 18. 한국기독교총연합회 대표 이영훈 목사, 박원순 서울시장에게 메르스 등을 이유로 퀴어퍼레이드 직권취소 요구 / 박원순 서울시장, 직권 취소는 법적 검토가 필요한 부분이라며 거부 의사 표명

퀴어문화축제 메인파티 "PRIVATE BEACH" @S CUBE, 이태원

2015년 퀴어문화축제 본행사

2015. 6. 9.   퀴어문화축제 개막식 "무지개 발光" @서울시청 광장, 시청 /
              유튜브 생중계

2015. 6. 13.   퀴어문화축제 메인파티 "PRIVATE BEACH" @S CUBE, 이태원

2015. 6.18~21. 퀴어영화제 @롯데시네마 브로드웨이, 신사

2015. 6. 28.   퀴어퍼레이드 @서울시청 광장, 시청

퀴어퍼레이드 @서울시청 광장, 시청

퀴어퍼레이드 @서울시청 광장, 시청

結

結

내 마음에 맞는 곳은 어디일까

게이 커뮤니티

처음 게이 커뮤니티에 힘겹게 발 들였을 때, '나는 이곳에서 사람들을 만났고 거기서 애인을 만나 오래오래 행복하게 살았습니다'라는 해피엔딩으로 나의 이야기를 끝내고 싶었습니다. 물론 오프라인 게이 커뮤니티에 나오고 나서 나의 삶은 이전과는 많이 달라졌고, 내가 게이라는 것을 받아들이지 못해 끙끙 앓는 일은 거의 사라졌습니다. 하지만 게이 커뮤니티에 나오고 내 정체성을 인정했다고 해서 그것으로 인생이 해결되는 것은 아니지요. 게이 커뮤니티도 '사람 사는 곳'이니만큼, 다른 공동체와 마찬가지로 여러 어려움들이 존재합니다.

즉석으로 누군가를 만날 수 있는, 축복과 저주의 게이 앱을 피해 오프라인 공동체에 처음 발 들였을 때는, 나와 동류인 사람들과 좀 더 사람답게 관계 맺을 수 있다는 점이 좋았습니다. 어쩌면 게이들이 모여 있는 커뮤니티이기 때문에 역설적으로 내가 게이인 걸 잠시 잊게 만들어 주는, 그러니까 게이인 것 이외에 내가 가진 다른 여러 모습들을 꺼내어 나눌 수 있는 기회가 생기는 것이지요. 이성애자들 사이에서는 내가 유독 '게이'이거나, 그것을 애써 말하지 않는 데에 신경이 집중된다면, 같은 게이들끼리 있으면 좀 더 편안하고 나를 보다 포괄적으로 드러내고 나누는 느낌이 드는 것입니다. 그래서 한동안은 그들과 즐겁게 교유하며 자기를 은폐하느라 지친 심신을 치유합니다.

그런데 시간이 조금 지나면, 이곳도 내가 바라는 낙원은 아니란 걸 새삼 깨닫게 됩니다. 남자를 좋아하는 게이들이 모인 게이 커뮤니티이기에, 그 안에서 연애와 얽힌 문제가 터지면 구도가 아주 복잡해집니다. 원리적으로 만인이 만인에게 성적으로 끌릴 수 있는 축복과 저주가 그 속에 함께 작동되지요. 그러다 보면 자연스레 뒷말이 많아집니다. 고등학교 때나 대학교 학부생 시절 동아리에서 주로 발생하던 연애 암투극과, 인맥에 따라 한 개인에 대한 호불호가 홍해 갈리듯 갈리는 장관도 연출됩니다. 이런 걸 몇 번 겪다 보면, "게이들이 더 지독하더라"면서 커뮤니티에 염증을 느끼고 떠나는 이들도 종종 발생합니다.

아니면 이런 경우도 있습니다, 커뮤니티에 들어오니 몇몇 게이들이 그야말로 사회성의 'ABC'도 못 갖춘 채로 인간관계에 서투른 티를 내는 것입니다. 그들과 대화하다 보면 어느새 신경줄이 남아나지 않지요. "아니, 게이고 뭐고 일단 사람부터 돼라"는 말이 목까지 차오르기도 합니다. 물론 그들이 사람 사귐에 서툰 것에는, 자기 존재의 일부를 부정해야 하는 게이 특유의 성장 배경이 일정 부분 작용하고, 따라서 그런 모습들 중엔 과거 내가 그랬을 지도 모르거나 실제로 그러했던 미숙함과 닮은 것이 있지만, 어쩐지 그렇기 때문에 더 싫어지곤 합니다. 또한 서툰 이들은 서툰 이들대로, 게이 커뮤니티 안에서 처음 맞이하는 인간관계의 룰을 학습하느라 꼭 몇 년 전 백치 같던 사춘기 괴물로 돌아간 것만 같고, 그 사실이 거듭 속상해 더 외토라지기도 합니다. 그러니 게이들끼리 모였다고 해서 뭔가 좋을 줄 알았다가, 외려 더 큰 상처를 입고 안으로 숨는 사람들이 발생합니다.

또는 이런 경우도 있겠지요. 이해받을 수 없으리라 생각했던 것들이 그렇게 조금이라도 나눠지고 난 후에는, 그 이해받고 팠던 한들이 쌓이고 쌓여, 여기선 나를 이해해 주겠지

싫었던 마음이 뒤틀어지거나 기대에 어긋날 때는 더 크게 앵돌아지기도 합니다. 마음에 무얼 쌓아 두던 이들은 어떻게든 그렇게 동티가 나는 모양인지, 애초에 손이나 내밀지 말지 사람 기대하게 만들고 실망시키는 게 더 미워서, 어떻게든 혼자 꾸려온 인생 사이로 성큼 손잡아 온 이들이 그렇게 한 번 마음에 안 찼을 땐, 차라리 여느 속없는 이성애자들보다 곱절로 싫어지기도 하는 것입니다.

헌데 생각해 보면 이는 게이 커뮤니티의 한계이기에 앞서 어느 정도 필연적으로 예견되는 바이기도 합니다. 게이 오프 공동체를 처음 맞닥뜨리고 나면 그 속에서 인간관계를 통째

다시 배우는 기분을 느낍니다. 게이들과 공개적으로 교유해 본 적이 없다는 것은, 그만큼 내 마음의 어떤 부분이 드러나 자라 오지 못했다는 것을 의미하니까요. 그것들이 새로이 커 나가는 과정은 그리 쉽지만은 않고, 기쁨만으로 도배될 수 있는 것도 아닙니다. 사람과의 사귐에 필요한 마음과 스킬이 붙는 과정이 으레 그러한 것처럼요.

물론 게이 커뮤니티 인간관계의 룰이란 게 여느 이성애자 집단과 같으면서 또 다르다는 것이 "내가 게이라서 이런 서러 움을 당한다"는 자괴의 근거가 되기도 하고, 또 적지 않은 나 이에 데뷔한 '초짜 게이'들은 내가 이 나이 먹고 또 이런 '모양 빠지는' 인간관계의 지옥도를 또 겪어야 하냐면서 고개를 저 을 수도 있습니다. 그처럼 한 번도 제대로 드러내 보이지 않 았던 자신의 내면을 호환 가능하도록 다듬는 것은 그리 쉬 운 일만은 아닙니다. 그리고 이는 넓게 보면 사람이 모이는 어 느 공동체에나 있을 수 있는 문제입니다.

어느 공동체를 가건 그 속에서 나를 풀어 놓고 사람들 사이의 나를 다스리고 공글러야 하는 의무는 같습니다. 또한 어떤 공동체에 들어갔다고 해서, 사람이면 누구나 가지기 마 련인, 남들에게 끝내는 이해받을 수 없을 개별자의 운명이 일 거에 해소되는 것도 아닙니다. 한마디로 게이 커뮤니티에 입

성했다고 해서 인생이 개벽되지는 않습니다. 그 속에서도 결국 인간으로서의 외로움과 세상 속에서 내가 감당할 불화는 계속 가져가야 하는 부분이지요. 결국 우리는 모두가 혼자고, 외로운 사람들입니다. 누가 게이고 누가 이성애자냐를 떠나서 인간이면 누구나 그런 것이지요.

바로 이 점이, 어쩌면 게이들이 내심 그토록 바라왔던 것은 아닌가 싶습니다. 나는 게이가 아니라 '사람'이고 싶다는 꿈 말입니다. 내가 여느 사람들과 다름없이 '혼자 있는 고독'을 이야기하고, '사람 사이의 불화'를 이야기하고, '능란하거나 부족한 사회성'을 논할 수 있기 위해, 내가 비로소 '사람'임을 말하기 위해서, 그렇게 망설임 끝에 게이 커뮤니티를 찾고 그 속에서 이름 모를 복마전을 치러왔던 것은 아니었는지. 내가 어떤 성ᴬ의 입술에 입 맞추고 내가 어떤 성의 음부를 핥고 내가 어떤 성의 인간들과 섹스를 하는지를 떠나서, 인간이면 누구나 가질법한 '보편적인' 관계와 존재의 고민을 비로소 늘어놓을 수 있기 위해, 내가 여느 사람과 다를 바 없는 '사람'임을 체감키 위해, 이제까지 그리도 먼 길을 돌아왔던 게 아니었는지.

사람이 모이면 말이 많아지고 문제가 생기는 것은 어느

곳이나 마찬가지고 게이 커뮤니티 또한 그렇습니다. 더불어 사람을 대하고 사랑하고, 물리치고 참아 넘기는 일련의 방법과 경험과, 노하우와 비전에 대한 말들은 이미 차고 넘치도록 많습니다. 물론 그것들은 대개 아무런 도움이 되지 않거나, 우리가 의식하지 못한 차원으로만 도움을 줄 수 있지요. 결국 어디에 있든지 사람은, 혼자 있는 방법과 함께 사는 방법 사이를 원심력과 구심력처럼 앓고 사는 운명일 지도 모르겠습니다.

특히 오래 포기하고 있던 것들을 덥석 껴안은, 달콤한 관계의 꿈 아래 스스로 자아낸 낙담과 배신의 아픔을 함께 예비하고 있던 유약한 사람들에게는, 그런 안팎으로부터의 중압이 더 크게 와 닿았을지 모르겠습니다. 사람이고 싶지만 좀처럼 사람이 되지 못하던, 누구의 죄인지 모를 상황 속에서 죄 없는 마음이 죄 없는 시선에게 오염될까, 매연 같은 사람들 속을 떠나가던 여린 사람들의 뒷모습이 자꾸 떠오릅니다.

마음 고갯길을 한 굽이 넘어서고 보니, 그렇게 그리운 얼굴들이 있습니다. 부디 이 다음에 만나는 때엔 우리 서로 보다 온전한 사람으로 만나자고, 굽잇길 너머 지는 노을에 기약 없는 기약으로 흐릿이 써 보는 짓무른 마음이 있습니다.

출전

출전 序

패배하지 않기 _ 커밍아웃
  ▶《친구사이 소식지》44, 2014. 2.15.
  ▶《허핑턴포스트코리아》, 2014. 11. 29.

연애
삶 속에 섹슈얼리티가 자리잡기까지
  ▶ 친구사이 소모임 '책읽당',《속사정》, 2014. 11.
'비연애'의 지분 _ 이성애와 동성애, 연애와 비연애
  ▶《친구사이 소식지》46, 2014. 4. 18.
  ▶《허핑턴포스트코리아》, 2014. 12. 25.
인간다움의 기준 _ J군을 추모하며
  ▶《친구사이 소식지》49, 2014. 7. 25.
찜방의 후예 _ 연애와 성산업
  ▶《친구사이 소식지》51, 2014. 9. 26.

공간
종로 _ 존재와 부재의 시공간
  ▶《친구사이 소식지》45, 2014. 3. 19.
이태원 _ 축제와 일상의 간극
  ▶《친구사이 소식지》53, 2014. 11. 28.
크루징 _ 도덕과 혐오 범죄
  ▶《친구사이 소식지》42, 2013. 12. 16.
  ▶ 친구사이 소모임 '책읽당',《속사정》, 2014. 11.

종교

기독교도와 동성애자가 서로를 이해하는 방법

▶《친구사이 소식지》52, 2014. 10. 31.

▶《허핑턴포스트코리아》, 2014.11.11.

성소자와 성소수자

▶《친구사이 소식지》50, 2014. 8. 27.

▶《허핑턴포스트코리아》, 2014.11.20.

수도자와 동성애를 함께 고민하는 사람들에게 _ 성스런 혐오와 속된 사랑의
중심에서

▶《친구사이 소식지》60, 2015. 6. 26.

한국 사회

최초의 야간 퀴어퍼레이드 _ 어떤 행렬의 기록

▶《친구사이 소식지》48, 2014. 6. 27.

최초의 광통교 동성 결혼식 _ 당연한 결혼에서 다양한 가족으로

▶《친구사이 소식지》51, 2014. 9. 26.

최초의 게이 인권 운동 단체 _ 다양성의 역사

▶《친구사이 소식지》47, 2014.5.24.

최초의 대규모 정치적 가시화 _ 서울시청 무지개농성단

▶《친구사이 소식지》54, 2014.12.30.

▶《역사문제연구소 회보》58, 2015.2.

최초의 서울시청 광장 진출 _ 2015년 퀴어퍼레이드

結

내 마음에 맞는 곳은 어디일까 _ 게이 커뮤니티

▶《친구사이 소식지》43, 2014. 1. 20.

한국게이인권운동단체 '친구사이'는 1993년 창립된 '초동회'를 모태로, 성소수자의 인권을 보장하고 성소수자에 대한 차별 없는 세상을 건설하는 것을 목표로 1994년 2월에 결성된, 한국 최초의 성소수자 인권 운동 단체입니다.

페이스북	http://www.facebook.com/chingusai
트위터	https://twitter.com/chingusai
홈페이지	http://chingusai.net
메일	chingusaii@naver.com

후원계좌

국민은행 408801-01-242055

예금주 : 한국게이인권운동단체 '친구사이'

사랑의 조건을 묻다_어느 게이의 세상과 나를 향한 기록

©터울, 2015.

발행일   2015년 9월 10일

지은이   터울
펴낸이   김경미
편집   강준선
디자인   이진미
펴낸곳   숨쉬는책공장
종이   영은페이퍼(주)
인쇄&제본   ㈜상지사P&B

등록번호   제 2014-000031호
주소   서울시 마포구 잔다리로 61 402호, 121-894
전화   070-8833-3170
팩스   02-3144-3109
전자우편   sumbook2014@gmail.com

값 16,500원 | ISBN 979-11-86452-05-9 03330

잘못된 책은 구입한 서점에서 바꿔 드립니다.
이 도서의 국립중앙도서관 출판예정도서목록(CIP)은
서지정보유통지원시스템 홈페이지(http://seoji.nl.go.kr)와
국가자료공동목록시스템(http://www.nl.go.kr/kolisnet)에서
이용하실 수 있습니다. (CIP제어번호 : CIP2015023158)